宋丘龍著

文史哲學集成

陶淵明詩說

文史哲出版社印行

陶淵明詩說 / 宋丘龍著. -- 初版 -- 臺北市：
文史哲, 民 105.01 印刷
頁; 21 公分 (文史哲學集成；109)
ISBN 978-957-547-314-3（平裝）

文史哲學集成 109

陶淵明詩說

著　者：宋　丘　龍
出版者：文史哲出版社
http:// www.lapen.com.tw
e-mail：lapen@ms74.hinet.net
登記證字號：行政院新聞局版臺業字五三三七號
發行人：彭　正　雄
發行所：文史哲出版社
印刷者：文史哲出版社
臺北市羅斯福路一段七十二巷四號
郵政劃撥帳號：一六一八〇一七五
電話886-2-23511028・傳真886-2-23965656

實價新臺幣四四〇元

一九八五年（民七十四）三月初版
二〇一六年（民一〇五）一月（BOD）初刷

ISBN 978-957-547-314-3　00109

自序

陶淵明於中國文學史上，已成一超越時空之人物，所以然者，乃在其所建立之人格典型與文學成就。蕭統陶淵明傳云：「余愛其人，不能釋手，尚想其德，恨不同時。」鍾嶸詩品中云：「每觀其文，想其人德。」二氏皆肯定其人德。吾人讀陶詩及有關淵明之記載，眞率、謙和、仁愛、恬澹之人格典型卽如映眼簾，令人心嚮往之。至其文學成就，除鍾嶸所云「隱逸詩人之宗」外，開平淡之宗與田園詩一派，影響深遠，稍有文學常識之人，皆能言之。

歷來評論陶詩者，鄙以爲最能道及陶詩妙處者，其爲東坡之「質而實綺，癯而實腴」八字，蓋此評兼及形式與內容二者。陶詩於文字上看，極質樸、極枯澹，卽東坡所云之質與癯；然細繹之，則極色澤、極豐腴，卽東坡所云之綺與腴。東坡題跋評韓柳詩云：「所貴乎枯澹者，謂其外枯而中膏，似澹而實美，淵明、子厚之流也。」是爲質而實綺、癯而實腴下一注解。又東坡論淵明詩云：「初視若散緩不收，反覆不已，乃識其奇趣。」是陶詩之妙處，乃在其不露安排痕跡，故視之若散緩不收，然並非全不安排，乃鎔化工夫使然，是絢爛歸於平澹也。東坡與姪書云：「凡文字，少小時須令氣象崢嶸，采色絢爛，漸老漸熟，乃造語平澹。其實不是平澹，絢爛之極也。汝只見爺伯而今平澹，一向祇學此樣，何不取舊日應舉時文字看，高下抑揚，如龍蛇捉不住。」是東坡至老境已知平澹乃經營之極歸於自然之意。依鄙考察，淵明詩章法極嚴整，極講求文章脈絡，幾字字有來歷，語語有照應，然此皆爲文字之質樸、枯澹、散緩所掩，而未露本相。

陶淵明詩說，分上下兩編：上編就一般性問題提出討論，重點在陶詩特質、陶淵明思想內容及陶詩影響；下編乃針對陶詩特質，詳爲析論，以見其「質而實綺、癯而實腴」，外似散緩內極嚴飭之特質。至下編校記部分，旨在比較各本異同，就其是非短長，略加論斷；集評部分，乃在見歷來批評之大要，亦有助作品之瞭解。至於不及箋注者，實因古今注家，既精且多，文字、典故之理解，大致不成問題，卽有爭論者，多於校記與析論中加以論斷，故不爲專立一項。

是書之成，衷心感謝父母親與內人張瑞娟女士之鼓勵與百般體諒；至是書缺陋本多，博雅君子，匡我未逮，是所深幸。

中華民國七十三年八月曲周宋丘龍序於高雄

陶淵明詩説 目次

上篇　緒　論

第一章　陶淵明傳略

一、家　世

陶淵明字元亮，後更名潛。（註一）江州尋陽柴桑人。源出陶唐，曾祖陶侃，晉大司馬，封長沙郡公。（註二）祖茂，武昌太守。（註三）父逸，安城太守。（註四）母孟氏，孟嘉第四女也。（註五）

二、生　平

晉哀帝興寧三年乙丑生。（註六）少懷高尚，博學善屬文，穎脫不羈，任眞自得，爲鄉鄰之所貴。

（註七）嘗著五柳先生傳以自況，時人謂之實錄。（註八）簡文帝咸安二年壬申，遭父喪。（註九）孝武帝太元九年甲申，淵明年二十，家道衰落。（註一〇）太元十八年癸巳，淵明年二十九，以親老家貧，起爲州祭酒，不堪吏職，少日自解歸。（註一一）歸後躬耕自資，居於尋陽上京閑居。（註一二）安帝隆安三年乙亥，爲桓玄官吏。四年庚子，曾以官使使都。五年辛丑，自荆請假返家。至七月赴假還江陵。（註一三）冬，母孟氏卒。（註一四）元興三年甲辰，爲劉裕鎭軍參軍。義熙元年乙巳，爲江州刺史劉敬宣建威參軍。（註一五）謂親朋曰：「聊欲絃歌，以爲三徑之資，可乎？」執事者聞之，以爲彭澤令，時仲秋八月也。（註一六）十一月，會郡遣督郵至，縣吏請曰：「應束帶見之。」淵明歎曰：「我豈能爲五斗米折腰，向鄕里小兒」，卽日解印綬去職。（註一七）義熙十四年戊午，徵著作郞，不就。江州刺史王弘欲識之，不能致也。潛嘗往廬山，弘令潛故人龐通之齎酒具於半道栗里要之，潛有脚疾，使一門生二兒舉籃輿，旣至，欣然便共飮酌，俄頃弘至，亦無忤也。（註一八）宋文帝元嘉元年甲子，顏延之爲始安太守，經過尋陽，日日造淵明，每往必酣飮致醉。臨去，留二萬錢與淵明，淵明悉送酒家，稍就取酒。（註一九）嘗九月九日無酒，出宅邊菊叢中坐久之。逢弘送酒至，卽便就酌，醉而後歸。淵明不解音聲，而畜素琴一張。每有酒適，輒撫弄以寄其意。貴賤造之者，有酒輒設。淵明若先醉，便語客：「我醉欲眠卿可去。」其眞率如此。郡將候淵明，逢其酒熟，取頭上葛巾漉酒，畢，還復著之。（註二〇）元嘉三年，貧病轉劇，江州刺史檀道濟往候之，偃臥瘠餒有日矣，道濟謂曰：「夫賢者處世，天下無道則隱，有道則至。今子生文明之世，奈何自苦如此。」對曰：「潛也何

敢望賢，志不及也。」道濟饋以粱肉，麾而去之。（註二一）元嘉四年卒，年六十三。（註二二）

三、出處

考淵明仕期甚暫，最後之仕爲彭澤令，僅八十餘日卽掛冠去。淵明之去官也，年四十一，自是卽不再仕。

淵明之去官，吾人於歸去來兮辭序中，可見其梗概。序云：「余家貧，耕植不足以自給。幼稚盈室，缾無儲粟，生生所資，未見其術。親故多勸余爲長吏，脫然有懷，求之靡途。會有四方之事，諸侯以惠愛爲德，家叔以余貧苦，遂見用於小邑。於時風波未靜，（案：此指時局未靖，外有五胡作亂，內有桓玄、劉裕之相殘。晉安帝元興二年，荆、江二州刺史桓玄反，入建康，尋迫安帝禪位，自稱帝。三年，劉裕起兵平之。事在淵明作文之前一年。）心憚遠役，彭澤去家百里，公田之利，足以爲酒，故便求之。及少日，眷然有歸與之情。何則？質性自然，非矯厲所得。飢凍雖切，違己交病。嘗從人事，皆口腹自役。於是悵然慷慨，深媿平生之志。猶望一稔，當斂裳宵逝。尋程氏妹喪於武昌，情在駿奔，自免去職。仲秋至冬，在官八十餘日。因事順心，命篇曰歸去來兮。乙巳歲十一月也。」是淵明之去官，乃「質性自然」，而爲官「深媿平生之志」，會程氏妹卒，乃罷官去。

據蕭統撰陶淵明傳云：「執事者聞之，以爲彭澤令。……歲終，會郡遣督郵至縣，吏請曰：應束帶見之。淵明歎曰：我豈能爲五斗米折腰，向鄉里小兒。即日解印綬去職，賦歸去來。」晉書宋書及南史皆據以爲說。

以上二說雖有不同，然皆明淵明之去職乃任性自適。

蕭傳又引申曰：「自以曾祖晉世宰輔，恥復屈身後代。自宋高祖王業漸隆，不復肯仕。」梁任公以爲淵明掛冠，劉裕尚未篡晉，蕭說不當。然蕭傳謂「宋高祖王業漸隆」，則淵明致仕時，易代之勢已成，故隱而不仕。蓋推陶公用心言之，自不必待篡晉之時始去也。

考淵明之隱居不仕，任性自適固是其因，然最重要者乃時代之不可爲。

淵明之世，士風大壞，士大夫浮華奔競，廉恥掃地，利害相激，文人遂爲犧牲品。晉書阮籍傳云：「屬魏晉之際，天下多故，名士少有全者。」嵇康、張華、陸機、陸雲、潘岳、劉琨、郭璞、謝靈運、謝眺等，皆不得善終。一入宦場，卽難明哲保身。

且淵明之世，仕宦頗重門第，品藻人物，皆取著姓士族爲之，致有「下品無高門，上品無賤族」之譏。一般文士，欲出頭，須得依附權貴。吾人觀宋、齊、梁、陳四朝一百七十年間卽有二十二帝，其篡弑之頻仍，令人駭異，如此時代實不可爲。淵明之掛冠，豈偶然哉！

【附註】

註一　宋書、蕭統、晉書、南史各傳名字互有差異。此據吳仁傑陶靖節先生年譜說。

註二　宋書、晉書、南史同。贈長沙公詩序云：「余於長沙公爲族，祖同出大司馬。」

註三　見晉書陶潛傳。茂，陶茂麟家譜及宋鄧名世古今姓氏書辨證作岱，今從晉書。

註四　父名逸同見陶茂麟家譜及鄧名世古今姓氏書辨證，唯陶譜作姿城太守，鄧書作安城太守。案：考晉書地理志、宋書州郡志皆無姿城，當以作安城爲是。

註五　陶淵明晉故征西大將軍長史孟府君傳：「淵明先親，君之第四女也。」

註六　淵明之年，頗有異說：顏延之陶徵士誄、宋書隱逸傳、蕭統陶淵明傳，晉書隱逸傳皆記淵明年六十三並南史皆載淵明元嘉四年卒。據此，淵明當生於晉哀帝興寧三年乙丑。朱子通鑑綱目於元嘉四年特書：「晉徵士陶潛卒。」顯亦主六十三之說。然淵明之年，亦頗有異說，如宋張縯陶靖節年譜辨正定爲七十六；清吳汝綸古詩鈔注定爲五十一；梁啓超、陶淵明年譜定爲五十六；古直陶靖節年譜定爲五十二；逯欽立陶淵明年譜稾定爲五十二（案：逯晚出之陶淵明事迹詩文繫年復定爲六十三。見里仁書局印逯欽立校注之陶淵明集附錄）；郭銀田田園詩人與陶潛定爲六十一，今從舊說。

註七　晉書卷九十四陶潛傳。

註八　同註七。附五柳先生傳：

先生不知何許人也，亦不詳其姓字。宅邊有五柳樹，因以爲號焉。閑靜少言，不慕榮利。好讀書，不求甚解；每有會意，便欣然忘食。性嗜酒，家貧不能常得。親舊知其如此，或置酒而招之。造飲輒盡期在必醉；既醉而退，曾不吝情去留。環堵蕭然，不蔽風日。短褐穿結，簞瓢屢空。晏如也。常著文章自娛，頗示己志。忘懷得失，以此自終。

註九　見陶澍靖節先生年譜考異。

註一〇　怨詩楚調示龐主簿鄧治中：「弱冠逢世阻。」有會而作：「弱年逢家乏。」

註一一　並見晉書、宋書、南史、蕭統陶傳。又飲酒第十九：「疇昔苦長飢，投耒去學仕。是時向立年，志意多所恥。」

註一二　據陶集詩文，陶宅凡三處。一爲上京閑居，一爲園田居，一爲南里。其居住年月時日，請參見逯欽立先生著陶淵明事迹詩文繫年。（里仁書局陶淵明集頁二〇六至二〇七）

註一三　見陶淵明事迹詩文繫年隆安三、四、五年條。

註一四　祭程氏妹文：「昔在江陵，重罹天罰。」「蕭蕭冬月，白雪掩晨。」李公煥注云：「隆安五年秋七月赴假江陵。是冬，母孟氏卒。」

註一五　見陶淵明事迹詩文繫年此二年條。

註一六　並見晉書、蕭傳、南史、宋書。

註一七　見晉書、蕭傳、宋書、南史。歸去來兮辭序：「仲秋至冬，在官八十餘日。因事順心，命篇曰歸去來兮，乙巳歲十一月也。」

註一八　並見晉書、蕭傳、南史、宋書。晉書文字較他本爲多。

註一九　並見蕭傳、南史、宋書。

註二〇　同註十九。

註二一　見蕭傳、南史。

註二二　見註六。

第二章　陶詩之特質

陶詩好之者甚衆，評價亦高。

鍾嶸曰：「宋徵士陶潛。其源出於應璩，又協左思風力。文體省淨，殆無長語；篤意眞古，辭典婉愜。每觀其文，想其人德。世嘆其質直，至如『歡言酌春酒』、『日暮天無雲』，風華清靡，豈直爲田家語耶！古今隱逸詩人之宗也。」（註一）

蘇軾曰：「淵明作詩不多，然其詩質而實綺，癯而實腴，自曹、劉、鮑、謝、李、杜諸人，皆莫及也。」（註二）

黃庭堅曰：「寧律不諧而不使句弱，用字不工不使語俗，此庾開府之所長也；然有意於爲詩也。至於淵明，則所謂不煩繩削而自合者。雖然，巧於斧斤者多疑其拙，窘於檢括者輒病其放。孔子曰：『寧武子其智可及也，其愚不可及也。』淵明之拙與放，豈可爲不知者道哉！」（註三）

又曰：「血氣方剛時讀此詩，如嚼枯木。及緜歷世事，知決定無所用智。」（註四）

惠洪曰：「東坡嘗曰：『淵明詩初看似散緩，熟看有奇句。……』大率才高意遠，則所寓得其妙，

造語精到之至，遂能如此，似大匠運斤，不見斧鑿之痕。」（註五）

葛立方曰：「陶潛、謝眺詩皆平淡有思致，非後來詩人怵心劌目雕琢者所爲也。老杜云：『陶謝不枝梧，風騷共推激。紫燕自超詣，翠駮誰剪剔』是也。大抵欲造平淡，當自組麗中來，落其華芬，然後可造平淡之境。如此，則陶謝不足進矣。」（註六）

朱熹曰：「淵明所說者莊、老，然辭卻簡古。」（註七）

陳繹曾曰：「陶淵明心存忠義，心處閒逸，情眞景眞，事眞意眞，幾於十九首矣；但氣差緩耳。至其工夫精密，天然無斧鑿痕迹，又有出於十九首之表者，盛唐諸家風韻皆出此。」（註八）

王世貞曰：「淵明託旨冲淡，其造語有極工者，乃大入思來，琢之使無痕跡耳。後人苦一切深沈，取其形似，謂爲自然，謬以千里。」（註九）

黃文煥曰：「古今尊陶，統歸平淡，以平淡概陶，陶不得見也。析之以鍊字鍊章，字字奇奧，分合隱現，險峭多端，斯陶之手眼出矣。鍾嶸品陶，徒曰隱逸之宗，以隱逸蔽陶，陶又不得見也。析之以憂時念亂，思扶晉衰，思抗晉禪，經濟熱腸，語藏本末，湧若海立，屹若劍飛，斯陶之心膽出矣。」（註一〇）

鍾惺曰：「其語言之妙，往往累言說不出處，數字回翔略盡，有一種清和婉約之氣在筆墨外，使人心平累消。」（註一一）

沈德潛曰：「陶詩胸次浩然，其有一段淵深樸茂不可到處。唐人祖述者，王右丞有其清腴，孟山人

有其閒遠，儲太祝有其樸實，韋左司有其沖和，柳儀曹有其峻潔，皆學焉而得其性之所近。」（註一二）

施補華曰：「凡作清淡古詩，須有沈至之語，樸實之理，以爲之骨，乃可不朽；非然，則山水清音，易流於薄，且白腹人可以襲取，讀陶公詩知之。」（註一三）

綜上所舉，各家所見陶詩之特質曰質直、曰不煩繩削、曰拙放、曰平淡、曰簡古、曰眞率、曰自然、曰散緩，然此皆祇言及陶詩特質之一端，而未能包容陶詩特質之全部。最能道出陶詩特質者，其爲東坡「質而實綺，癯而實腴」八字。質、癯乃就形式言，綺、腴乃就內容言，試論之如下：

陶詩就形式而言，其遣詞造句極質樸、枯瘦，極少用色彩鮮明，感覺強烈之字，以造成瑰麗、絢爛之效果。詩中所用文字，皆常見而平凡無奇者，然經淵明之點化，但覺含意豐富，極色澤、極鮮明、極蘊藉，此淵明之特殊本領，亦陶詩所以魅力無窮之所在，今試說之如下，或可助陶詩之瞭解。

一、情、景之描繪，不重其表象，而究其本色、內涵。故一花、一木、一落日、一飛鳥本身卽透露無窮之天機，而不必爲其再添任何色彩。

如「秋菊有佳色」一句，一秋字、一佳字，卽已將菊之色彩、品格完全表出。就菊本身而言，色彩本在其中，是黃、是白、是紫，皆是菊。而出一佳字，則不特將菊之色佳表出，亦且將菊之形佳亦一并言及。卽菊不論其是黃、是白、是紫；其形態如何？是枯？是腴？於我而言，祇是一佳字，至於如何佳法，讀者自可逞其冥想。而此佳字自是極色澤、極豐富、極蘊藉。再就秋字而言，正見菊之品格，其高潔、其不作尋常花蕊，正在此秋字透露消息。

又淵明躬耕南畝，於禾苗自有密不可分之關係，而其言及禾苗處，亦祇是「凱風自南，翼彼新苗」或「平疇交遠風，良苗亦懷新」而已，然此良字、新字，即已傳達禾苗之生命氣息；而禾浪翻飛，正從翼字、交字看出，而不必辭費。

再舉最尋常之「桃李羅堂前」來說，一羅字即已將桃李羅列茂盛之態表出，更不論桃李花發，紛紅駭綠之景了。蓋紛紅駭綠本在「桃李羅」三字之中，說出反覺無味。

淵明詩中，用極本色之字詞，蘊無窮之新意，所在皆是，循此線索，自可領會其意趣。

而淵明詩中之形容詞，多屬感覺之描寫，如：

弱湍馳文魴，閒谷矯鳴鷗。
傾耳無希聲，在目皓已潔。
鳥哢歡新節，泠風送餘善。
微雨洗高林，清飈矯雲翮。
悲風愛靜夜，林鳥喜晨開。
崩浪聒天響，長風無息時。
寒竹被荒蹊，地爲罕人遠。
寒氣冒山澤，遊雲倏無依。

重雲蔽白日，閑Δ雨紛紛微。

例中作Δ之字，皆是形容詞，非有具象可尋之字，而表示一種感覺，或詩人觀察景物以後所得之感受。後代讀詩人把詩人之感受，轉換成形態，自然有眞實畫面映入胸中。亦卽憑詩人對外景之感受所作之描寫與形容，卽可獲得形象之啓示，甚至可推見景物之色澤、動態。再進一步言，此感受可以爲讀者與詩人所共有，亦可以爲詩人所獨會，而竟或讀者之感受已超出詩人感受之外，而逞其遐思。何以故？因此類用字無具象可尋，讀詩人有逞其想像之餘地，遂覺天寬地濶，意趣無窮。後人之讀陶詩，每覺其言有盡而意無窮，由形式之質、癯，而感其內容之綺、腴，其故在此。

二、好用疊字形容

淵明詩中屢用疊字以爲形容，此乃中國古詩之傳統，屢見於詩經、古詩十九首及魏晉詩中，淵明去古未遠，亦明顯受此傳統影響。而疊字之運用，自然產生一種古樸、質直之感覺。考淵明詩中用疊字之處，計有一百二十八處，不可謂不多，茲列擧如下：

停雲：

靄靄（兩見）、濛濛（兩見）、翩翩。

時運：

邁邁、穆穆、洋洋、邈邈、悠悠。

榮木：

　采采。（兩見）
贈長沙公：
　遙遙、滔滔。
答龐參軍：
　孜孜、依依、慘慘、肅肅、邈邈。
勸農：
　熙熙、猗猗、紛紛、悠悠。
命子：
　悠悠、穆穆、紛紛、漠漠、亹亹、渾渾、鬱鬱、桓桓。
歸鳥：
　翼翼。（四見）
歸園田居：
　曖曖、依依。（兩見）
乞食：
　行行。
答龐參軍：

每每。

和劉柴桑：

時時、栖栖、去去。

和郭主簿：

藹藹、遙遙、厭厭。

於王撫軍座送客：

遲遲。

與殷晉安別：

飄飄、悠悠。

贈羊長史：

事事。

歲暮和張常侍：

厲厲、紛紛。

和胡西曹示顧賊曹：

飄飄、微微、曄曄、悠悠。

悲從弟敬德：

遲遲、惻惻。

始作鎭軍參軍經曲阿：

眇眇、綿綿。

庚子歲五月中從都還阻風於規林：

行行。

辛丑歲七月赴假還江陵夜行塗口：

遙遙，昭昭、皛皛、依依。

癸卯十二月中作與從弟敬遠：

淒淒、翳翳、時時。

乙巳歲三月爲建威參軍使都經錢溪：

事事。

還舊居：

步步、依依。

戊申歲六月中遇火：

迢迢、亭亭。

己酉歲九月九日：

靡靡、淒淒。

庚戌歲九月中於西田獲早稻：

遙遙。

丙辰歲八月中於下潠田舍穫：

鬱鬱。

飲酒二十首：

人人、鼎鼎、栖栖、夜夜、咄咄、悠悠（三見）、規規、班班、行行（兩見）、寂寂、冉冉、

亭亭、汲汲、區區。

擬古九首：

榮榮、密密、翩翩、雙雙、迢迢、茫茫、蒼蒼、年年、行行、皎皎、灼灼。

雜詩十二首：

遙遙（兩見）、蕩蕩、眷眷、每每、去去（兩見）。

詠貧士七首：

曖曖、遲遲。

詠二疏：

厭厭。

詠荊軻：

蕭蕭、淡淡。

讀山海經：

亭亭（兩見）、落落、翩翩、朝朝、粲粲、明明、巖巖。

擬挽歌辭：

茫茫（兩見）、蕭蕭。

其中悠悠八見，遙遙六見，依依五見，其餘二見以上者亦所在多有。

疊字之用，可表現音節之美，如「淡淡寒波生」、「亭亭月將圓」、「密密堂前柳」、「蒼蒼谷中樹」、「蕩蕩空中影」、「藹藹堂前林」等句，讀來音調但覺極和緩、從容。但亦可加強語氣表現急促、高昂之意態，如「厲厲氣遂嚴」、「淒淒歲暮風」、「蕭蕭哀風逝」、「翳翳經日雪」等句，氣象之嚴肅、蕭森，則與前舉迥異，此端看詩人調理安排之功。而疊字形容詞，又具有純樸之質感與意境，形成淵明渾厚之風格。

淵明疊字除形容距離、時間、形態、心境外，多用以形容景色。（註一四）如：

曖曖遠人村，依依墟里煙。

淒淒歲暮風，翳翳經日雪。

厲厲氣遂嚴，紛紛飛鳥還。

飄飄西來風，悠悠東去雲。
遙遙萬里輝，蕩蕩空中影。
荒草何茫茫，白楊亦蕭蕭。
蕭蕭哀風逝，淡淡寒波生。

而相同之疊字，因用處之不同，往往代表不同程度或甚至不同之意思。如依依二字，「依依墟里煙」之依依作柔解，而「依依昔人居」、「依依在耦耕」、「有處特依依」、「去來何依依」則並作留戀貌。又如悠悠二字，「悠悠清沂」、「悠悠上古」、「悠悠我祖」、「世路廓悠悠」、「悠悠待秋稼」、「悠悠東去雲」、「擺落悠悠談」、「悠悠迷所留」、此八悠悠皆有長遠之意，然其所形容者則有不同，有指時間之久遠，有指距離之遙遠，有指速度之悠緩閑散，有指思緒心靈之遐想，雖用字相同，意卻小異，然皆各得其當。

三、情景之交融

情景交融之先決條件，乃在情、景、人之不可分，若祇有情、景而無人，則情、景即爲虛幻不實，或竟是死寂。故欲達情景交融之境，其動力乃人感情之注入。淵明詩之意長有味，亦在詩中有個淵明在。如歸園田居第二：

野外罕人事，窮巷寡輪鞅。白日掩荊扉，虛室絕塵想。時復墟曲中，披草共來往，相見無雜言，但道桑麻長。桑麻日已長，我土日已廣。常恐霜霰至，零落同草莽。

詩中掩荊扉者詩人、絕塵想者詩人、墟曲披草來往者詩人、相見道桑麻者詩人、恐桑麻之零落者詩人。處處有個詩人在，有詩人之關心，有詩人之情感。而所寫之景、所寄之情乃有生命。

再進一步言，詩中景與人，或竟是一。如飲酒第八：青松在東園，衆草沒其姿。凝霜殄異類，卓然見高枝。連林人不覺，獨樹衆乃奇。提壺撫寒柯，遠望時復爲。吾生夢幻間，何事紲塵羈。

又如歸鳥：

翼翼歸鳥，戢羽寒條。遊不曠林，宿則森標。

晨風清興，好音時交。矰繳奚施，已卷安勞。

詩中青松、歸鳥，乃淵明自道，借青松、歸鳥，明己之高潔，吾人讀詩至此，當有人而松，松而人；人而鳥，鳥而人之感。

若再推上一境，則可謂情、景、人一體俱化，試舉飲酒第五爲例：

結廬在人境，而無車馬喧。問君何能爾，心遠地自偏。採菊東籬下，悠然見南山。山氣日夕佳，飛鳥相與還。此中有眞意，欲辨已忘言。

此詩前四寫心境超遠，而地亦隨之，卽入俗而超俗之境。後六則言因心不滯物，得其靜趣，故能採菊東籬，悠然見山；並能賞日夕之佳氣，悅飛鳥之逸性，心神與之往還。置身此中，則山花人鳥，一齊俱化，但覺眞意無窮，而難言喧。寫情、景至此，可謂已達極詣。

總之，情、景交融於淵明而言，可謂當行出色，而淵明此人貫穿整個作品之中，尤爲陶詩綺，腴之動力。

四、不露鑿痕，一派渾淪。

陶詩乍看之下，極散緩，不事雕琢，便謂淵明不事技巧，此則大謬。蓋一派渾淪，散緩無奇，祇是其表相，陶詩可謂極鍊字鍛句謀篇之能事，此不細繹，不易察覺。陶詩就其章法、結構而言，極嚴謹，極不苟且。作者於後每首詩作析論時，皆詳爲尋繹、解說，讀者自可參看，此不贅言。

【附註】

註一　詩品中。
註二　蘇轍東坡和陶詩引。
註三　題意可詩後。
註四　跋淵明詩卷。
註五　冷齋夜話。
註六　韻語陽秋卷一。
註七　朱子語類卷一百三十六。
註八　詩譜。
註九　藝苑巵言卷三。
註一〇　陶詩析義自序。
註一二　古詩歸卷九。

註一三　峴傭說詩。

註一四　參見王貴苓先生著陶淵明及其詩的研究頁八九。

第三章　陶淵明思想探討

所謂思想，當指一種持續性之思維作用，或思維歷程，而於人之言行有決定或主導作用者。故論及某人之思想時，此思想當對某人具有相當長時間之支配作用。而思想並非不能改變者，因種種不同之因素，作思想之改變，如由儒入釋，或由釋入儒，自是可能。然此儒、釋思想，必然在某一時期支配此人之言行，應可斷言。吾人亦不能因某人偶有「人生皆空」之感慨，卽說此人是佛教徒，或具有佛家思想，因凡人皆可能有此感慨，此理之甚明者。又不同之思想，若得適當之調適，當可並存，除非此兩種思想勢如水火，絕不相容。基於以上之理念，淵明之思想可得而言之。

影響淵明思想之因素有三，卽淵明之質性、儒家、道家思想。雖然淵明詩中有「人生似幻化，終當歸空無。」（歸園田居第四首）；「一生復能幾，倏如流電驚。」（飲酒第三首）；「吾生夢幻間，何事紲塵羈。」（飲酒第八首）之句，似與金剛經中「一切有爲法，如夢幻泡影，如露亦如電，應作如是觀」之句有相通之處，然吾人考察淵明一生言行，實難找到與佛家思想相通之處。逯欽立先生於「形影神與東晉佛道思想」一文中，甚且主張形影神一詩乃反佛教之「報應說」及「形盡神不滅論」

者。故吾人不能視其爲具有佛家思想者。

淵明之質性，一曰自然，歸去來兮辭序云：「質性自然，非矯厲所得。」二曰剛，戊申歲六月中遇火：「貞剛自有質，玉石乃非堅」；與子儼等疏：「性剛才拙，與物多忤。」唯其性剛與自然，故於政治上所表現者，乃不能爲五斗米折腰，掛冠求去，而深有「久在樊籠裏，復得反自然」之感。此時之淵明，轉而寄情自然，欣賞自然，進而融入自然。吾人觀淵明歌頌自然田園之詩章，除作客觀之欣賞外，乃能將自我生命情調灌注到自然裡，引起自然小己間一片生命情緒的震盪交融。故吾人觀淵明所描繪之一山、一水、一花、一木，皆有淵明之生命於其中，而達物我一體之境。

儒家思想，予淵明極大之影響，淵明實心心念念於儒道之行，特以時不我予，隱居不仕，寄情詩酒而已。而淵明之能寄身田園，安於平淡，實儒家安貧樂道之思想有以致之。蓋不能積極入世，祇有隱居以待時。雖曰如此，然亦不能全然忘懷，吾人觀陶詩中引書切合論語者，共三十七次（據古直箋）即可知。淵明集中顯然道及儒家或受儒家影響者，試舉數則如下：

時運：「悠想清沂，童冠齊業。」

榮木：「匪道曷依，匪善奚敦。」

「先師遺訓，余豈之墜。四十無聞，斯不足畏。」

勸農：「舜既躬耕，禹亦稼穡。」

「民生在勤，勤則不匱。」

「孔耽道德，樊須是鄙。」

癸卯歲始春懷古田舍：「先師有遺訓，憂道不憂貧。」

飲酒第二：「不賴固窮節，百世當誰傳。」

飲酒第十六：「少年罕人事，遊好在六經。」

詠貧士第二：「詩書塞座外，日昃不遑研。」

詠貧士第四：「朝與仁義生，夕死復何求。」

飲酒二十：「羲農去我久，舉世少復眞。汲汲魯中叟，彌縫使其淳。鳳鳥雖不至，禮樂暫得新。洙泗輟微響，漂流逮狂秦。詩書復何罪，一朝成灰塵。區區諸老翁，爲事誠殷勤。如何絕世下，六籍無一親。終日馳車走，不見所問津。若復不快飲，空負頭上巾。但恨多謬誤，君當恕醉人。」

尤以飲酒第二十，嘆道統之不傳，而結之以飲酒。然淵明何嘗專寄沈湎，乃藉飲酒爲名，以道其生平。淵明亦以承儒家之道自居者，眞西山謂淵明之學自經術中來，觀此詩可見。

時既不可爲，道既不能行，祇有退隱歸耕，回歸自然一途，此時之思想，自然轉化爲道家。「聊乘化以歸盡，樂夫天命復奚疑，」（歸去來兮辭）正是道家思想之典型表現。據古直陶靖節詩箋定本，陶詩用事，切合莊子共四十九次，切合列子共二十一次，計引莊列書共七十次，淵明受道家影響自不待言。茲不具列。

最能表現淵明道家思想者，其爲形影神一詩：

貴賤賢愚，莫不營營以惜生，斯甚惑焉；故極陳形影之苦，言神辨自然以釋之。好事君子，共取其心焉。

形贈影

天地長不沒，山川無改時。草木得常理，霜露榮悴之；謂人最靈智，獨復不如茲。適見在世中，奄去靡歸期，奚覺無一人，親識豈相思！但餘平生物，舉目情悽洏。我無騰化術，必爾不復疑。願君取吾言，得酒莫苟辭。

影答形

存生不可言，衞生每苦拙；誠願遊崑華，邈然茲道絕。與子相遇來，未嘗異悲悅；憩蔭若暫乖，止日終不別。此同既難常，黯爾俱時滅；身沒名亦盡，念之五情熱。立善有遺愛，胡爲不自竭？酒云能消憂，方此詎不劣！

神釋

大鈞無私力，萬理自森著；人爲三才中，豈不以我故？與君雖異物，生而相依附，結托既喜同，安得不相語！三皇大聖人，今復在何處？彭祖愛永年，欲留不得住。老少同一死，賢愚無復數。日醉或能忘，將非促齡具！立善常所欣，誰當爲汝譽？甚念傷吾生，正宜委運去；縱浪大化中，不喜亦不懼，應盡便須盡，無復獨多慮。

「形贈影」寫形主必死，故但勸飲，及時行樂以爲解。（詩人之情趣）「影答形」寫影苦同難長存，願形立善以揚名。（儒家之抱負）「神釋」寫神答形影之語，以謂行樂立善皆不足恃，只有委運而去，放浪大化之中。（道家之超脫）

就此詩觀察，自是抹去形影而獨歸神釋。此是悟後之言。然形影二章實應與序並看，方顯其意。序云：「貴賤賢愚，莫不營營以惜生，斯甚惑焉；故極陳形影之苦，言神辨自然以釋之，好事君子，共取其心焉。」蓋百年同盡，形不可恃，此有限生命之無可奈何處。尤以魏晉季世，禍亂頻仍，人命危淺，朝不保夕，所感最爲痛切。故或服食而求長生；或禮佛期生淨土；或放浪形骸，做醉鄉之旅，皆欲免夫斯累。淵明獨不取此，然對此一問題，必自感慨特深，故有神釋一章。形影二章正反映時代也。

再就神釋考究，委運任化，正是老莊思想。其言「不喜亦不懼」，實用莊子大宗師篇：「古之眞人，不知悅生，不知惡死」之意。「正宜」六句，正說明賢愚、貴賤、窮通、壽夭，從性分之滿足上說，本無分別，故應盡便盡，無復多慮，深得莊子齊物論之旨。與莊子養生主、大宗師兩篇同見之：「安時而處順，哀樂不能入也。」及大宗師篇：「孰知死生存亡之一體，吾與之友矣。」齊物論：「萬世之後而一遇大聖，知其解者，是旦暮遇之也。」可謂所見者同。而通篇與莊子天下篇：「上與造物者遊，下與外死生無終始者爲友。」之境相合。

總之淵明思想，受儒家、道家之影響最大。吾人觀淵明以飲酒、高飲爲樂，卽認其爲消極之出世者，此則大謬。淵明實心心念念於用世，以儒者自命者。然時不我與，故放情詩酒耳。此時之淵明，其生活則充滿道家之情調，其飲酒、自適、任眞，皆是此點之表現。然淵明不若一般魏晉之人，拾莊子思想之糟粕，以享受爲事，玩世放誕，浪費生命；淵明乃能取莊子思想之精義，而享受忘情、齊物之樂者。故論淵明思想，不必拘於儒家或道家之定見，淵明實具備儒、道二家之精粹者。

第四章　陶詩之影響

淵明於中國文學史上爲一高峯，成爲後代效法之對象，影響深遠。此一高峯所以形成，主要乃因其建立之典範，而此典範之建立乃植基於其人格與文學成就上。故論陶詩之影響，當從此兩方面予以探討。

高大鵬先生於陶詩新論一書中，分淵明之人格爲道德人格與藝術人格。（註一）很可作爲討論之依據。

淵明之人德，早爲人看重。梁鍾嶸詩品卷中云：「每觀其文，想其人德」；蕭統陶淵明集序云：「余素愛其文，不能釋手；尚想其德，恨不同時。」鍾、蕭二氏於淵明之人德，備極推崇。淵明之人德者何？吾人於陶詩及有關淵明之記載中，所見淵明之人德，約而言之有五：曰眞率、曰仁愛、曰高尚、曰謙和、曰恬澹。（註二）而其中眞率、恬澹二者，更爲後人所重。蘇軾於陶詩幾和之徧，其主因乃認同於淵明之人格；而辛稼軒作品中，言及淵明者即有七十七處（註三），又何嘗不是如此。此其著者，其他六朝而後，文人雅士之歌詠中，贊淵明之人德者，頗不乏見，吾人可謂淵明已建立其道德典範。

至於藝術人格方面，更爲人所稱道，譬如：

張旭桃花溪詩：

桃花盡日隨流水，洞在淸溪何處邊。

孟浩然仲夏歸南園寄京邑舊遊：

嘗謂高士傳，最嘉陶徵君。日耽田園趣，自謂羲皇人。

又李氏園臥疾：

我愛陶家趣，林園無俗情。

又口號贈王九：

日暮田家遠，山中勿久淹。歸人須早去，稚子望陶潛。

裴廸送崔九：

莫學武陵人，暫遊桃源裡。

王維奉送六舅歸陸渾：

悠然自不競，退耕東皐田。

又輞川閒居贈裴秀才廸：

復值接輿醉，狂歌五柳前。

李白九日登山：

淵明歸去來，不與世相逐。

又尋陽紫極宮感秋作：

陶令歸去來，田家酒應熟。

杜甫重遊何氏：

看君用幽意，白日到羲皇。

又赤谷西崦人家：

如行武陵暮，欲問桃花宿。

柳宗元日携謝山人至愚池：

機心赴當路，聊適羲皇情。

白居易效陶潛詩體之十三：

口吟歸去來，頭戴漉酒巾。人吏留不得，直入故山雲。

歐陽修偶然：

吾愛陶靖節，愛酒又愛閒。

王安石九日登東山寄昌叔：

淵明久負東籬醉，猶分低心事折腰。

黃庭堅追和東坡題李亮功歸來圖：

欲學淵明作歸賦，先煩摩詰畫成圖。

朱熹題鄭德輝悠然堂：

認得淵明千古意，南山經雨更蒼然。

又陶公醉石歸去來館：

每尋高士傳，獨嘆淵明賢。

陸游讀陶詩：

飯罷頹然付一床，曠懷眞足傲羲皇。

詩中皆稱美淵明之藝術人格，而如桃花、高士、田園、羲皇、林園、武陵、桃源、五柳、東皐田、歸去來、漉酒巾、東籬醉、等意象，皆屬藝術性者，而其人所欣賞者，亦卽此美感意象所構成之美感人格。（註四）淵明作品中所提及之景物，故事，千載以下，已成爲具有美感價值之意象，而爲人所認同、欣羨。

文學方面，鍾嶸將淵明詩作列爲中品，並謂其爲古今隱逸詩人之宗。淵明於駢儷文學風靡文壇，玄言詩長期泛濫，形式主義佔領導地位之時代，作品列爲中品，自有時代限制，此本不足爲淵明病。而隱逸詩人亦不能代表淵明，此當是千載以來文評家之共識。

淵明影響後世文學者，概而言之有二：一曰開古今平淡之宗；二曰開後人詠田園之句。

淵明平淡之詩風，王維、孟浩然、儲光羲、韋應物、白居易、柳宗元等皆受其影響，以上諸人之質性，自然不能全然似陶，縱使全然似陶，亦不能成就其文學史上之地位。故沈德潛於說詩晬語卷上中指出：「王右丞有其清腴，孟山人有其閒遠，儲太祝有其樸實，韋左司有其冲和，柳儀曹有其峻潔，皆學焉而得其性之所近。」而白居易文風樸素講究白描，當亦受淵明影響。

由於淵明詩中描寫田園山水之作甚多，亦成爲後代作家模仿之對象。鍾惺於古詩歸中卽云：「儲王田園詩妙處出於陶。」王維、孟浩然、儲光羲、裴廸等人多少受其影響。然淵明於田園之描繪，乃其人生與自然完全融爲一體，亦卽置身田園而將己交付田園，後世作家模寫山水田園，只是一種「觀賞之實在」，而非「生活之實在」，（註五）故終隔一層。張戒歲寒堂詩話云：「後人詠田園之句，雖極工巧，終莫能及，」卽此之謂。

【附註】

註一　見高大鵬先生著陶詩新論九十五頁。高著於後又言及超越人格。關於陶詩影響，高先生於本書中有極精詳之論述，請參看。

註二　見王叔岷先生著陶淵明及其詩一文。收於陶淵明詩箋證稿附錄二。

註三　見陳淑美辛稼軒與陶淵明一文。

註四　見陶詩新論九十八頁。

註五　見陶詩新論一〇八頁。

下篇　析　論

凡　例

一、此編分三部分：校記、集評、析論。

二、校記以李公煥箋注陶淵明集（簡稱李本）爲底本，以曾集刻本（簡稱曾本）、魯銓刻蘇寫大字本（簡稱蘇寫本）、焦竑刻本（簡稱焦本）、莫友芝刻本（簡稱莫本）、黃藝錫刻東坡先生和陶淵明詩本（簡稱和陶本）爲校本，間或參照湯漢注本、何校宣和本、吳瞻泰彙注本，錄出異文。其他圖書、類書所引文字，亦進行比勘。若底本顯然爲誤，而校本爲正時，則以校本爲正文，並不一律屈從底本。校記除錄出異文外，亦酌加案語，以論其是非優劣。

三、陶集竄入他人之詩，如：歸園田居第六首「種苗在東皐」篇，乃梁江淹雜體詩三十首之一；問來使詩乃宋蘇子美詩（參明郎瑛七修類稿二）；四時詩「春水滿四澤」四句，乃晉顧愷之神情詩（參宋湯漢注陶靖節先生詩三）。凡此均一概刪除。

四、集評錄宋以來各家評語，酌加去取，以有助作品之瞭解、賞析爲主。

五、析論就作品加以分析並作評論，尤重作品之章法、結構，亦兼及鍊字鍊句，以明淵明詩作之精嚴，鍊字琢句之精工。

六、陶集注家甚夥，亦各有勝義。此編重點不在注釋文字，讀者可參看書後參考書目，於文義之瞭解，當可得一津梁。

停雲一首 幷序

停雲，思親友也。罇湛新醪，園列初榮。願言不從，歎息彌襟。

靄靄停雲，濛濛時雨。八表同昏，平路伊阻。靜寄東軒，春醪獨撫。良朋悠邈，搔首延佇。

停雲靄靄，時雨濛濛。八表同昏，平陸成江。有酒有酒，閑飲東窗。願言懷人，舟車靡從。

東園之樹，枝條載榮。競用新好，以招余情。人亦有言，日月于征。安得促席，說彼平生。

翩翩飛鳥，息我庭柯。斂翮閒止，好聲相和。豈無他人，念子實多。願言不獲，抱恨如何。

【校記】

△「不」從　曾本云，一作弗。案，不、弗義同。

△歎「息」　曾本云，一作想。

△彌襟　蘇寫本此下有云爾二字。

△「悠」邈　和陶本作攸。注，一作悠。案，攸、悠古今字。

△懷「人」　曾本云，一作仁。案，人、仁通假字。

△枝「條」　曾本云，一作葉。

△「載」榮　曾本、和陶本作載，他本作再。案，載、再古本通用，然此載當訓始。

△「競用新好」　曾本云，一作朋新，一作競朋親好。蘇寫本云，一作競朋親好，焦本同。焦本注云，宋本一作競用新好，非。案，用猶與也。新好指春樹，與上良朋對言。作競朋親好，語意不明。

△以「招」　曾本、蘇寫本、李本作招。又曾本云，一作怡。焦本作怡，注云，一作招，非。案，招作招感，引發解。

△「飛」鳥　曾本云，一作輕，蘇寫本同。案，作飛較佳。

△閒「止」　曾本作上。注，一作正。案，作止、正，當是形近而誤。閒止猶靜止也。

【集評】

沃儀仲曰：「伊阻」、「成江」，分指世運。「八表同昏」，專咎臣子，一語兩章複用；且先揭於阻、江之上，尤有味，正見舉世暗濁，無一明眼堪扶社稷，故至於此。我卽獨身孤憤，濟得甚事！乃難冀之世，復難冀之朋。末句「抱恨如何」，眞當悶絕。（明黃文煥陶詩析義卷一引）

撫醪望友，欲從舟車，促席無由，悵然抱恨。詩分四韻，情屬一章。龐參軍、劉柴桑而外，不多人也。劉履謂元熙禪革後，或有親友仕於宋者，靖節賦此以諷。詩中無其意，惟「競用新好」句，蓋謂他人言耳，非所指「念子實多」者。（清蔣薰評陶淵明詩集卷一）

四言詩惟有王粲既溫且雅，亦典亦則；此外俱駢麗語，贊頌體。淵明停雲雖佳，然氣格亦晚。

（清楊雍建評選詩鏡十晉第三）

淵明停雲、時運等篇，清腴簡遠，別成一格。（清沈德潛說詩晬語卷上）

尊晉黜宋，固淵明一生大節，然爲詩詎必乃爾！如少陵忠君愛國，只北征、哀王孫、七歌、秋興等篇正說此意，其餘豈盡貼明皇、貴妃、安祿山耶？停雲四章只思親友同飲不可得，託以起興，正如老杜「騎馬到階除」，待友不至之意。（清吳瞻泰輯陶詩彙註卷一）

詩中感變懷人，撫今悼昔，一片熱腸流露言外。若僅以閒適賞之，失之遠矣。讀陶者悉當作如是觀。陶詩寫景最眞，寫情最活，末章「斂翮」二句，狀鳥聲態，何等天然活妙！（清溫汝能纂集陶詩彙評卷一）

【析論】

淵明此詩題曰停雲一首，計分四章，皆緊扣序「思親友」之旨。劉履曾論之曰：「此蓋元熙禪革之後，而靖節之友，或有歷仕於宋者，故特思而賦之，且以寓規諷之意焉。」（元劉履選詩補註卷五語）茲析之如下：

首章：首四起興，後四寄感。「靄靄」四句由雲遞雨，落到同昏路阻。靄靄、濛濛疊用，甚能狀雲、雨昏昧之態。「靜寄」二句承前四，謂値此雲雨路阻，只合飲酒遣悶。靜、獨二字佳，將孤寂無聊之境表之無遺。結二承前「路阻」及「獨撫」來，由酒生情，而思友朋。言友朋遠去，且路阻難晤，則祇搔首延佇而已。歸於思親友之旨。

二章：此章與上章意同，而句法稍異。言之不已，而再言之，正三百篇之遺。前四亦說雲雨，而句法倒轉，音節變化。「成江」較「路阻」爲實。後四亦是從酒生情。「有酒」二句句法倒轉，而意相同。結二「舟車無從往就」亦較「搔首延佇」爲實。願言懷人亦歸於思親友之旨。

三章：前四卽景起興，後四歸於友朋情話之想望。前四與序「園列初榮」呼應。言園樹始榮，新葉競發，以感招余情。「但亦」二句由樹之榮，興流光易逝之感，結二收到冀友來說，情話平生。或謂「東園」二句乃指新朝之立；「競用」二句指親朋有在新朝爲官者，相招以事新朝。魏晉詩比興猶多，或寓此意。

四章：前四明寫飛鳥猶來相和，暗點良朋不來爲可嘆。此四句寫鳥聲態，天然活妙。「豈無」二句刻畫與所思之人交情之深厚。亦暗藏憂友之事新朝。結二謂雖好友繫懷，然終睽違不晤，甚是悵恨。點醒序「歎息彌襟」意。

淵明此詩寫思親友，然親友多事新朝，故意甚含蓄。筆法規摹詩經，得溫雅和平，一唱三歎之旨。

時運一首 幷序

時運，游暮春也。春服既成，景物斯和。偶景獨游，欣慨交心。

邁邁時運，穆穆良朝。襲我春服，薄言東郊。山滌餘靄，宇曖微霄。有風自南，翼彼新苗。

洋洋平澤，乃漱乃濯。邈邈遐景，載欣載矚。稱心而言，人亦易足。揮茲一觴，陶然自樂。

延目中流，悠想清沂。童冠齊業，閒詠以歸。我愛其靜，寤寐交揮。但恨殊世，邈不可追。

斯晨斯夕，言息其廬。花藥分列，林竹翳如。清琴橫床，濁酒半壺。黃唐莫逮，慨獨在余。

【校記】

△「暮」春　蘇寫本作莫。案，莫、暮古、今字。

△偶「景」　曾本、和陶本作景，曾本云，一作影。他本作影。案，景、影亦古、今字。

△欣「慨」　曾本云，一作然。案，作慨是。作然，恐因欣字聯想而誤。

△「邁邁」　曾本云，一作靄，又作藹。焦本云，一作靄靄，又作藹藹。

△「宇曖微霄」　曾本云，一作餘靄微消。焦本作餘靄微消，注，一作宇曖微霄，非。案，淵明喜用曖字，作餘靄微消，非。

△翼「彼」　曾本云，一作我。

△「澤」　李本作津，蘇寫本、和陶本、焦本同。曾本作澤，又注，一作津。

△乃「濯」　曾本云，一作濯濯。

△「人」亦　和陶本作固。

△「稱心而言，人亦易足」　焦本作，人亦有言，稱心易足。注云，宋本一作稱心而言，人亦易足，非。曾本、蘇寫本云，一作人亦有言，稱心易足。

△「陶」然　曾本云，一作遙。

△「悠想」　李本、曾本、蘇寫本、焦本作悠悠。曾本、焦本又注，一作悠想。案，延目，悠想對言，作悠想較好。

△「恨」　曾本作悵。注，一作恨。陶詩彙注作憾。案，恨、悵、憾義相近。

△「花」藥　曾本云，一作華。案，華、花，古、今字。

△橫「床」　曾本、蘇寫本云，一作膝。

△在「余」　蘇寫本作予。

【集評】

序所謂「欣慨交心」者如此，淵明於時方在唐虞世遠吾將安歸之際，誠不能自遂其暮春之樂也。（何孟春注陶靖節集卷一）

序言「欣慨交心」，前二首是欣，後二首是慨。（蔣薰評陶淵明詩集卷一）

浴沂之志，尼父已與曾點。千載而後，復有知己，靖節若在聖門，與點眞一流人物。（張潮、卓爾堪、張師孔同閱曹陶謝三家詩陶集卷一）

陶靖節一生自樂，未嘗屈己徇人。有時獨樂，自樂也；有時偕樂，亦自樂也；有時期於偕樂，而終於獨樂，尤自樂也。（鍾秀編陶靖節紀事詩品卷四恬雅）

周程每令人尋孔顏樂處，先此唯先生知斯意耳。（陶澍集註靖節先生集卷一）

【析論】

淵明此詩寫暮春獨遊，交寄欣慨。詩分四章：

首章：首四句點明時序，謂春日熙和，良辰可愛，故著春服，爲春郊之遊。「山滌」四句寫春遊所見，所謂「景物斯和」也。「山滌餘靄，宇曖微霄」寫遠景，潤甚。「有風」二句寫近景，溫甚、韻甚。翼字渾樸生動，寫出淵明性情。此首寫欣。

二章：首四句亦正敘春遊所見所行。漱濯平津，近事；欣矚遐景，遠望。而稱心之樂，如躍紙上。「稱心」四句悟到稱心易足，而從揮觴自樂收住，亦寫欣。然「獨」之消息，由自樂之「自」透出。

三章：由憶古興感寄懷。「延目」二句蒙前首漱濯平津來，言引目中流，緬想遙長之沂水。「童冠」二句舉論語先進篇事。（點，爾何如？曰：「暮春者，春服既成。冠者五六人，童子六七人，浴乎沂，風乎舞雩，詠而歸。」）「我愛」二句承前所詠沂水事，點出曾點「靜」字訣，可謂深心體貼，千古契心。「寤寐交揮」即詩「寤寐求之」意。結二言恨不並世，古人已不可追。實暗藏處桓劉之時，舉世無可與遊者，嘖醒獨字義。此首寄慨，寓意深遠。

四章：此章自詠，並嘆其獨。「斯晨」二句點其歸息事。「花藥」四句寫所居之景事，而分內外。外則林竹掩翳，花藥井然而生。內則清琴橫床獨弄，濁飲半壺自傾。語甚閒適。結二一轉，言世非黃唐，雖有此幽境，心獨慨然，以不及黃唐之盛世也。藏朝代更迭，生逢亂世之意。

此詩作法，於大始末中有小始末。前二章游目騁懷寫欣，後二章傷今思古寫慨，此是大始末。首章良朝出游，二章平澤遐矚，三章遐想沂詠，末章息廬言懷，此是小始末。皆緊扣序「欣慨交心」來。詩寫春游，自以寫景爲主，所寫清新淡遠，胸無微塵。詩並寄朝代更易，有志不申之感。

榮木一首 幷序

榮木，念將老也。日月推遷，已復九夏；總角聞道，白首無成。

采采榮木，結根於茲。晨耀其華，日已喪之。人生若寄，顦顇有時。靜言孔念，中心悵而。

采采榮木，于茲託根。繁華朝起，慨暮不存。貞脆由人，禍福無門。匪道曷依，匪善奚敦。

嗟予小子，稟茲固陋。徂年既流，業不增舊。忘彼不舍，安此日富。我之懷矣，怛焉內疚。

先師遺訓，余豈云墜。四十無聞，斯不足畏。脂我名車，策我名驥。千里雖遙，孰敢不至。

【校記】

△「九夏」　各本作「有夏」。曾本、蘇寫本云，一作九。案，作「有」非，九夏，謂夏季九十日也。

△「晨耀」　曾本云，一作輝。案，潘岳河陽縣作：「時菊耀秋華。」作耀是。

△「悵」而　曾本云，一作恨。

△嗟「予」　曾本作余，注，一作予。

△「徂年」　曾本云，一作逐往，蘇寫本同。案，旣流、逐往，義同。

△「忘」彼　李本云，或曰志當作忘。他本皆作志。癸辛雜識引作實。案，當作忘，志乃忘之形誤。

△「不」舍　蘇寫本作弗，曾本云，一作弗。

△「云」墜　李本、蘇寫本、和陶本、焦本作云。曾本云，一作云。案，當作云，作之，蓋草書形近而誤。

△「足」畏　曾本云，一作可。案，足、可義同。

△「名」車　焦本云，一作行，非。曾本云，名車一作行車。案，當作名，名猶大也。禮記禮器：「因名山升中于天。」鄭注：「名猶大也。」

△名「驥」　曾本云，一作驢。案，作驥是。

【集評】

鍾伯敬：人知陶公高逸，讀榮木、勸農、命子諸四言竟是一小心翼翼、溫慎憂勤之人。東晉放

達，少此一段原委，公實補之。（古詩歸卷九）

黃文煥：四章互相翻洗。初首顛卒悵念，若寄之人生，與夕喪之晨華同脆，無可自仗，說得氣索。次首拈出貞脆由人，有善有道，可仗俱在，不須念悵，說得氣起。三首安此日富，有道不能依，有善不能敦，怛焉內疚，倍於悵矣，又說得氣索。卒章痛自猛厲，脂車策驥，贖罪無聞，何疚之有？又說得氣起。（陶詩析義卷一）

陳祚明：（四章）校茂先勵志，言簡情殷。

【析論】此詩由榮木之朝起夕喪，感年老無成，而痛自猛厲。詩分四章：

首章因榮木之易謝，感人生之短促。前四起興，寫榮木之易謝。映序日月推遷句。人生二句一轉，謂人生亦若榮木，顯頓有時，結二寄慨。後四映序白首無成句。

二章因貞脆由人之理，以依道、敦善自期。前四亦慨榮木之易謝，而句法與前稍異。貞脆二句一轉，謂堅貞、脆弱，決之在人，禍福無門，惟人自召。蓋堅則得福，脆則召禍。結二承上，謂如此祇有依道、敦業之一途。

三章因道業不進而內疚。前四慨時光之流逝而道業曾無長進。忘彼二句接得突兀，蓋道業不進本當進德修業，而竟廢學而樂飲。日富取小雅「一醉日富」意。結二寄慨。

四章寫年雖四十，當勇猛精進。首二寫不忘先師遺訓。次二點出遺訓。結四痛自猛厲，以道善爲爲依歸。

此一、二，三、四章各爲一組，皆一抑、一揚。將一年老儒生，道業無成，悵悵內疚，內心掙扎之情，寫得淋漓。

贈長沙公一首 并序

余於長沙公為族，祖同出大司馬。昭穆既遠，以為路人。經過潯陽，臨別贈此。

同源分流，人易世疏。慨然寤歎，念茲厥初。禮服遂悠，歲月眇徂。感彼行路，眷然躊躇。

於穆令族，允構斯堂。諧氣冬暄，映懷圭璋。爰采春花，載警秋霜。我曰欽哉，實宗之光。

伊余云遘，在長忘同。言笑未久，逝焉西東。遙遙三湘，滔滔九江。山川阻遠，行李時通。

何以寫心，貽此話言。進簣雖微，終焉為山。敬哉離人，臨路悽然。款襟或遼，音問其先。

【校記】

△「贈長沙公」 各本公下有族祖二字，似後人據序文而加，或涉序文而衍。今從陶注本。

△「余於長沙公爲族」 各本作「長沙公於余爲族」。又李本、曾本、焦本云，一作「余於長沙公爲族」。曾本又云，一無公字。案此句應斷如下：「余於長沙公爲族，祖同出大司馬」。於猶與也。

△「以」爲路人　李本作已，文館詞林、蘇寫本、焦本同。曾本云，一作已。

△「臨別贈此」　文館詞林此下有詩字。

△人易「世」疏　文館詞林作代。世、代意同。

△慨「然」　文館詞林作矣。曾本云，一作矣。

△「歲月眇徂」　焦本作歲往月徂。曾本云，一作歲往月徂。

△眷「然」　文館詞林作言。

△躊「躇」　曾本云，一作踟。案躊躇、躊踟，字異義同。

△令「族」　蘇寫本作祖。

△「斯」堂　曾本云，一作新。焦本云，一作新，非。

△多「暄」　曾本作輝。蘇寫本作暉，二本並注云，宋本作暄。文館詞林作暉。焦本云，宋本作暄，一作輝，非。案，作暄是。

△「爰采春花」　文館詞林作言來春苑。曾本云，一作華，一作爰來春苑。案，作爰采春花是。華、花古今字。

△載「警」　曾本云，一作散，又作驚。蘇寫本作驚。

△「爰采」二句　曾本、蘇寫本云，一作爰采春苑，載散秋霜。

△忘同　曾本云，忘一作志。忘同，又作同行。

△「笑言」　蘇寫本作言笑。曾本云，一作言笑。案：移居之二：「言笑無厭時。」與殷晉安別：「言笑難爲因。」陶常用言笑。

△「遙遙三湘」　文館詞林作遙遙湘渚。曾本作遙想湘渚。注云，一作遙遙三湘。案：依前後句法，作遙遙三湘是。

△「貽此」　曾本此作茲。注，一作怡此。

△進「簣」　文館詞林作匱。案，簣、匱同字。

△雖「微」　曾本云，一作少。

△終「焉」　文館詞林、曾本作在。曾本注，一作焉。案：焉猶則也，作焉是。

△款襟　文館詞林作矜式。

△「其」先　文館詞林作時。

【集評】

次章豎義奇奧，前後章情摯語質，最是家人眞況。（黃文煥陶詩析義卷一）

四首情眞語樸，非他手所能，而次章尤古奧。（馬墣陶詩本義卷一）

傳曰：學士大夫則知尊祖矣。族之所在，祖之所自出也，其可以不敬乎？陶淵明有贈長沙公詩，序云：「余於長沙公爲族祖，同出大司馬。昭穆既遠，以爲路人。」故其詩云：「同源分流，人易世疎，慨然寤歎，念斯厥初。禮服遂悠，歲月眇徂，感彼行路，眷焉踟躕。」蓋深傷之也。長沙公於淵明如此，而淵明乃以尊祖自任，其臨別贈言之際，有「進簣雖微，終焉為山」之句。嗚呼！淵明亦可謂賢矣。杜子美數訪從孫濟，而不免於防猜，故其詩云：「所來為宗族，亦不為盤飧，勿受外嫌猜，同姓古所敦。」觀長沙與濟，尊祖之義掃地矣。（葛立方韻語陽秋卷二十）

以稱長沙公為從晉爵，卽謂贈延壽在降封之後亦可，惟族字須斷句耳。先生於延壽為從父行，禮「大夫斷緦」。故云「禮服遂悠」，又云「昭穆既遠，已為路人」。蓋定律五服之外，以凡論也而長沙公猶敦族誼，經過潯陽，葺治祖堂，展親收族，故先生作詩美之。既敍繾綿，遂加勗勉，親愛之至，詞意藹然。而葛立方之徒，誤會「感彼行路」之語，橫生議論，亦可謂固哉高叟矣。晉書桓公傳：桓濟之子亮，起兵於羅縣，自稱平南將軍。湘州刺史、長沙相陶延壽以亮稱亂起兵，遣收之。宋書·高祖紀：義熙五年，慕容超率鐵騎來戰，命咨議參軍陶延壽擊之。是延壽在晉，頗立勳業，無忝厥祖，先生固非虛為嘉許也。（陶澍集註靖節先生集卷一）

【析論】

此詩寫淵明與延壽會於潯陽，敘同族之誼，贊其氣質丰采，臨別並贈以言。詩分四章：

首章感行路而念同族。首二同源句與序「余於長沙公為族，祖同出大司馬」句相應；人易句與序「昭穆既遠，以為路人」句相應。「慨然」二句承上，謂念及初為同族，今為路人，能不慨然而歎！寤，語詞，猶而也。「禮服」二句承上，亦人易世疏之意。結二寄慨，意謂感彼行路之人，尚眷戀不忍離去，況同族者耶！延壽則恐視貧苦之陶公如路人矣。

二章美延壽之氣質丰彩，實宗族之光。「於穆」二句贊延壽能光大祖業。「諸氣」二句謂延壽氣度溫和，品質高尚。上句見於外之氣，下句蘊於內之質。「爰采」二句喻延壽之丰彩，如春花之可采，如秋霜之可警。載，再也。結二贊歎。

三章惜別。「伊余」二句寫淵明長於長沙公，初遘面，忘其出於大司馬。「笑言」二句言會面之短暫，即分西東。「遙遙」二句承上西東，想像之詞。遙遙、滔滔連用，有江湖路遠，風波多阻之感。結二想望。謂山川雖遠，當使人常相通問。山川阻遠與「遙遙」二句相應。

四章臨別贈言。「何以」二句與前章逝焉西東相應，謂贈以善言，以輸寫其心。「進簣」二句點出善言，勵延壽行事當愼終也。焉猶則也。「敬哉」二句亦與前章逝焉西東相應，再三叮嚀，淒然感人，一付長者氣象。結二謂叙懷或遼遠無期，而音問則可時通。末句與前章行李時通相應。

此詩贊揚、勉勵兼及，關懷之情，躍然紙上。黃文煥云：「最是家人眞況。」

酬丁柴桑一首

有客有客，爰來宦止。秉直司聰，惠于百里。飡勝如歸，聆善若始。匪惟諧也，屢有良游。

載言載眺，以寫我憂。放歡一遇，既醉還休。實欣心期，方從我遊。

【校記】

△「宦」止　李本、曾本、焦本作爰。曾本又注，一作官。蘇寫本作官。文館詞林作宦。案：作宦是。

△「秉」直　文館詞林作執。

△「司」聽　文館詞林作思，非。

△惠于　李本、曾本、焦本作于惠。文館詞林作爾惠。

△「聆」善　曾本、焦本作矜。曾本又注，一作聆。

△聆「善」　各本注，一作音。焦本云，矜善一作聆音。

△匪「惟」　文館詞林作怍。莫本云，一作怍。曾本云，一作忤。

△「諧也」　李本、曾本、蘇寫本、文館詞林作諧也。曾本又注，一作也諧。

△良「游」　焦本云，宋本作游，一作由，非。李本、曾本、蘇寫本作由。曾本又注，一作游。文館詞林作遊。案：遊、由，古字通用。莊子知北遊：回敢問其遊。成玄英疏本遊作由，即其比。又游、遊，古今字。

△載言載眺　蘇寫本作載馳載驅。注，一作載言載眺。曾本云，一作載馳，一作載馳載驅。

【集評】

放字遇字，奇甚，意有拘束，則我景中之情不能往而迎物，情中之景不能來而接我，放之而可以相遇矣。此既往迎，彼亦來接，適相湊合，遇之妙也。還休與一遇相映。一遇已足以休，況其屢乎？方從復與還休相映。緜此不休，緜此日遇，是在善放。從憂說放，從放說休，從休又再說欣，逐句轉換。（黃文煥陶詩析義卷一）

淵明詩體質句逸，情眞意婉，即偶然酬答，而神味淵永，可規可誦。姜白石謂其天資既高，趣詣又遠，故其詩散而莊，澹而腴。旨哉斯言也。（溫汝能纂集陶詩彙評卷一）

【析論】

此詩酬丁柴桑與己心跡相從也。詩分二章：

首章說丁柴桑之來歷，並贊其德惠及風範。「有客」二句點出丁爲柴桑縣令。「秉直」二句承上宦止，說丁之德惠。「飡勝」二句亦承宦止句，寫其風範。謂丁吸收勝理，喜同歸家；傾聽善言，亦始終不厭。

二章寫與丁相得之情況。「匪惟」二句謂丁之德惠、風範深得我心，而與之常有游賞。「載言」二句承上良游，謂既言又眺，以除憂心。寫，除也。「放歡」二句亦承上良游，謂遇之即放懷歡飲，已醉始休。結二收束，謂實欣丁以心相期許，乃從我遊。與首句諧字相應。

此詩雖寫與丁交游之樂，然細繹文辭，語較平淡，似非眞心相得也。抑丁爲父母，淵明敬而不親歟？

答龐參軍一首 幷序

龐爲衞軍參軍，從江陵使上都，過潯陽見贈。

衡門之下，有琴有書。載彈載詠，爰得我娛。豈無他好，樂是幽居。朝爲灌園，夕偃蓬廬。

人之所寶，尚或未珍。不有同愛，云胡以親。我求良友，實覯懷人。歡心孔洽，棟宇惟鄰。

伊余懷人，欣德孜孜。我有旨酒，與汝樂之。乃陳好言，乃著新詩。一日不見，如何不思。

嘉遊未斁，誓將離分。送爾于路，銜觴無欣。依依舊楚，邈邈西雲。之子之遠，良話曷聞。

昔我云別，倉庚載鳴。今也遇之，霰雪飄零。大藩有命，作使上京。豈忘宴安，王事靡寧。

慘慘寒日，肅肅其風。翩彼方舟，容裔江中。勗哉征人，在始思終。敬茲良辰，以保爾躬。

【校記】

△「未」珍　曾本云，一作非。案，未、非義同。

△同「愛」　焦本作好。注，一作愛，非。曾本云，一作好。案，愛、好義同。唯作好與上章「豈

無他好」重複故以作愛爲宜。

△「云」胡　蘇寫本、莫本作去。莫本注，一作云。案，作去非，當與云字形近而誤。

△「以」親　曾本云，一作已。

△良「友」　曾本云，一作朋。

△「惟」鄰　蘇寫本、和陶本作唯。曾本云，一作爲。焦本云，一作爲，非。案，惟猶爲也。

△「不」思　曾本云，一作弗。

△未「斁」　曾本云，一作數，又作款。案，作數、款非。

△「離分」　曾本誤作分離。

△「于」路　蘇寫本、莫本云，一作於。案于、於義同。

△「邈邈」　和陶本作藐藐。曾本同，又注，一作邈。案，邈、藐古字通用。

△「云」別　曾本、莫本云，一作之。

△豈「忘」　蘇寫本作妄。莫本云，一作妄。案，作妄非。

△「宴」安　曾本云，一作燕。案，宴、燕古通。

△「容裔」　蘇寫本、莫本作容與。曾本云，一作與，一作融洩。案：容裔、容與、融洩，義同。

△「江中」　曾本云，一作沖沖。莫本同，幷注，一作容裔江中。

△良「辰」　蘇寫本作晨。莫本注，一作晨。

【集評】

相見恨晚，相別恨遠，眷戀依依，情溢乎詞，視長沙公詩，眞天淵矣。

詞直意婉，以其出乎自然也。（蔣薰評陶淵明詩集卷一）

高雅脫俗，喻意深濶。交情篤摯，妙能寫出。（孫人龍纂輯陶公詩評註初學讀本卷一）

六首首首相接，層層相生。第五首言今日之別乃爲王事，不得已也。末首臨別贈言，相勗以德，而德則始終歸重之意，見於第二首之懷人，第三首之欣德者也。六首之章法皆藕斷絲連，其情勝也。（馬墣陶詩本義卷一）

居然得孔、顏之樂，是淵明之所以超絕於後世詞人。（日本近藤元粹評訂陶淵明集卷一）

【析論】

淵明此詩記送別龐參軍，詩分六章：

首章：述幽居之樂。首句衡門之下，言居處之淺陋也。二句有琴有書，見其風雅。起首二句平平道來，即見詩人風致。「載彈」二句承前二，謂既有琴書，且彈且詠，足以自娛。無事於心，逍遙自得也。故五六繼之以「豈無他好，樂是幽居。」自問自答，言他非無所好者，惟幽居最樂耳。結二承上幽居，寫日出則理田園之事，日入則偃息草廬，極盡閒適之趣。末句蓬廬與首句衡門照應，足見詩人之安貧樂道也。

二章：述得參軍爲鄰，深慰所願。首二句寫己與世多忤，人之所寶，未必爲珍。「不有」二句承上尚或未珍，謂道不同不相爲謀，既無同愛，如何相親？接以「我求」二句，謂旨求良友，得見今所想望之人。結二謂既得斯人爲鄰，故相得甚歡，二語逆敍筆也。

三章：接叙爲鄰時親洽之情狀。首二句贊龐參軍好德不倦，藏「德不孤，必有鄰」之意。「我有」二句寫與龐參軍共樂旨酒，用詩鹿鳴典。「乃陳」二句承前，謂酒飲中賦詩清談，甚爲相得。結二謂一日不見，如隔三月，如何不思之深耶？極盡交游之情。

四章：述入送別之情。首二句言嘉遊猶未厭足，而行將分離，情難堪矣。「送爾」二句承上分離，謂歧路把盞，離情難舍，雖有旨酒，不復可樂，迴應上章。「依依」二句分寫離思，謂別者依依思念舊處之地，送者西望邈遠之雲，傷別者之遠去。二句對寫，含蘊無窮。結到「之子」二句，謂子已遠矣，何時能再聞昔之良話耶？今順承，昔逆挽，挽處與「乃陳好言」遙應。前四章皆追叙，五六章始落題正面。

五章：言龐公困於王事而行。首四句言昔我別汝，乃在春日。今汝既遇復別，卻當冬寒。首二承上，三四轉下，爲全篇轉捩。（案：淵明別龐參軍詩凡二：五言作於春日，龐以撫軍參軍赴江陵之任；四言作於同年冬日，龐以衞軍參軍銜命使都。）「大藩」二句承上，言所以上京來別之故。結二亦承前四別來，言龐非忘宴樂，乃公而忘私，爲主事而不得安息也。

六章：寫過潯陽時臨別贈言。首四句寫當寒日嚴風之際，輕舟已徘徊江中。景極淒清，是寫景亦兼叙情。「勗哉」四句免龐公當慎始善終，以保其身，深情款款。淵明一生恬淡，而友情之篤厚，此詩可以概見。

淵明此詩，先寫相契歡聚之情，繼言分別之苦，末以祝詞結，見友朋交情之篤厚，層層迴應，章法嚴整，命意高遠。詩多用詩經成語，以質樸勝。

勸農一首

悠悠上古，厥初生民。傲然自足，抱朴含真。智巧既萌，資待靡因。誰其贍之，實賴哲人。

哲人伊何，時惟后稷。贍之伊何，實曰播植。舜既躬耕，禹亦稼穡。遠若周典，八政始食。

熙熙令音，猗猗原陸。卉木繁榮，和風清穆。紛紛士女，趨時競逐。桑婦宵興，農夫野宿。

氣節易過，和澤難久。冀缺攜儷，沮溺結耦。相彼賢達，猶勤壟畝。矧伊衆庶，曳裾拱手。

民生在勤，勤則不匱。宴安自逸，歲暮奚冀。擔石不儲，飢寒交至。顧余儔列，能不愧懷。

孔耽道德，樊須是鄙。董樂琴書，田園弗履。若能超然，投迹高軌。敢不斂衽，敬贊德美。

【校記】

△生「民」　李本、曾本、焦本俱作人。曾本又云，一作民，一作正人。案，民、人義同。生作正，形誤。

△「既」萌　曾本云，一作未。案，作未，義較長。

△「靡」因　莫本云，一作無。案，靡、無義同。

△誰「其」　莫本作能。案，其，語助，表詰問口氣，作其較佳。

△時「惟」　焦本作爲。案，惟猶爲也。

△播「植」　李本、焦本作殖。案，植、殖古字通用。

△令「音」　曾本、蘇寫本、和陶本作德。曾本又云，一作音。案，作令德，則熙熙爲廣大貌。

△「趨」時　蘇寫本作趣。案，趨、趣義同。

△宵「興」　李本作征，蘇寫本同。曾本、莫本云，一作征。

△「冀缺攜儷，沮溺結耦」　曾本、莫本云，一作缺攜尙植，沮溺猶耦。

△「猶」勤　曾本、莫本云，一作尤。案，作猶義較長。

△「宴」安　曾本云，一作燕。案，宴、燕古通。

△歲「暮」　蘇寫本、莫本作莫。案，莫、暮古、今字。

△「擔」石　和陶本作甔。焦本作儋。案，儋、擔正俗字。甔、儋通用。

△「不」儲　曾本云，一作弗。

△顧「余」　李本作爾，蘇寫本同。曾本云，一作爾。案，作余義長。爾，俗作尒，余誤爲尒，復易爲爾也。

△「田園」　曾本云，一作園井。

△「弗」履　李本作不，蘇寫本、焦本同。曾本云，一作不。

△「若」能　蘇寫本作苟。案，若、苟義同。

△敬「讚」　和陶本作贊，曾本同。曾本又注，一作難讚。蘇寫本作歎，注，一作讚。案，贊、讚古字通用。

△「德」美　蘇寫本作厥。案，疑本作厥，涉上道德而誤。

【集評】

鍾伯敬曰：即從作息勤厲中，寫景觀物，討出一段快樂。高人性情，細民職業，不作二義看，惟眞曠遠人知之。又曰：倒插有力有趣，俱在言外。（明鍾伯敬、譚元春評選古詩歸卷九）

沃儀仲曰：民生在勤，莫先於農，次則工商耳。抑末重本，可驅工商而之農，不容驅士而盡爲農也。接以「孔耽道德」，與上章相救，神理完密。（黃文煥陶詩析義卷一）

「曳裾拱手」，說惰農趣甚。「能不懷愧」，愧得妙，「愧」字有不負心、不苟食二義。勸人讀書，亦是苦事，不若就農言農。删此末章八句，尤爲高老，鍾伯敬以此首「倒插有力有趣」，恐不然。（清蔣薰評陶淵明詩集卷一）

勸農六章，節節相生。第三章言虞、夏、商、周，熙熙之世，士女皆農。第四章言叔季即賢達亦隱於農，矧衆庶而可游手乎？第五章正言勸農，第六章反言勸農，章法好絕。（吳菘論陶）

勸農詞淡而意濃，此最是難學處。全集俱以是求之，乃見其高絕。（清張謙宜絸齋詩談卷四評論）

【析論】

淵明此詩勸人務爲農耕，不可好爲逸樂，或藉口詩書而舍其業，詩分六章：

首章：此章由上古不知耕稼，遞入今則必耕之理。「悠悠」四句言上古初民，智巧未開，茹毛飲血，不知爲農。「智巧」二句一轉，言智巧既生，欲廣用奢，資以待用之物，無因而得有也。結二順前二來，言如此則賴哲人贍之以爲生。是爲六首總綱。

二章：蒙前章耕稼來，證以實事。「哲人」四句承前章實賴哲人而爲之注脚。言后稷爲贍生民，教之以播植之事。「舜既」四句承前播植來，擧舜禹躬耕稼穡，周以食爲八政之首，將農之身分抬高，爲勸農布勢。

三章：勸民及時耕作，勿爲嬉春。「熙熙」四句鋪叙春景，亦點農時。「紛紛」二句作一挑筆，謂方此之時，士女嬉戲遊樂。以上六句寫景叙事極生動活潑。結二勒轉，言此際正是農夫力作之時，桑婦晨起力作，農夫野宿不歸。力寫農事之勤，含勸農之意。

四章：承上章，言春時易邁，當效古人力作。「氣節」二句點淸春時易邁，機不可失，起下四句。「冀缺」二句用事證，「相彼」二句順明其義，明古人皆勤力壟畝，不違農時，跌出下二衆庶不可拱手坐食。曳裙句極饒諧趣，然使人生惕怵之心。

五章：此章以莊語教之、悚之，點透勸農之意。「民生」二句先舉民勤不匱以爲正訓。「宴安」四句一轉，歷指不勤農事必遭匱乏之害爲反悚。言如務爲逸樂，倉儲不充，歲暮必至飢寒交迫。結二言吾人如不力耕，豈不愧煞！

末章：高出一境，寄勸農意於反面，謂不得藉口道德學問而舍業。「孔耽」四句謂孔子耽於道德，不屑爲農；董生精勤講誦，不履田園。二公皆以人生至高之行，而不須務耕作者。「若能」四句一轉，謂能如孔董之置身高遠，方值贊美，庶可不務農畝。然則不如孔董者，豈可不農？意在言外，用筆超妙，迥異常軌。

淵明此作，語甚溫和蘊藉，寓教化於春風中。多舉事以證，從上古不知耕翻入，以聖賢不必耕翻出，不困於題，自成別徑，令人玩味不已。

命子一首

悠悠我祖，爰自陶唐。邈爲虞賓，歷世重光。御龍勤夏，豕韋翼商。穆穆司徒，厥族以昌。
紛紛戰國，漠漠衰周。鳳隱於林，幽人在丘。逸虬遶雲，奔鯨駭流。天集有漢，眷予愍侯。
於赫愍侯，運當攀龍。撫劍風邁，顯茲武功。書誓山河，啓土開封。亹亹丞相，允迪前蹤。
渾渾長源，鬱鬱洪柯。群川載導，衆條載羅。時有語默，運因隆窊。在我中晉，業融長沙。

桓桓長沙，伊勳伊德。天子疇我，專征南國。功遂辭歸，臨寵不忒。孰謂斯心，而近可得。
肅矣我祖，愼終如始。直方三臺，惠和千里。於皇仁考，淡焉虛止。寄迹風雲，冥茲慍喜。
嗟余寡陋，瞻望弗及。顧慚華鬢，負影隻立。三千之罪，無後爲急。我誠念哉，呱聞爾泣。
卜云嘉日，占亦良時。名汝曰儼，字汝求思。溫恭朝夕，念茲在茲。尚想孔伋，庶其企而。
厲夜生子，遽而求火。凡百有心，奚特於我。既見其生，實欲其可。人亦有言，斯情無假。
日居月諸，漸免於孩。福不虛至，禍亦易來。夙興夜寐，願爾斯才。爾之不才，亦已焉哉。

【校記】

△「命子」　册府元龜作訓子。

△邈「爲」　册府作其。歷世，曾本作世歷。注，一作歷世。

△「重」光　宋書作垂，册府同。紛紛，曾本作紛紜，宋書同。曾本又注，一作紛紛。案，作紛紛是。

△「遶」雲　蘇寫本作撓，宋書、册府同。

△眘「予」　蘇寫本、莫本作余。

△「風」邁　李本、蘇寫本、焦本作夙。宋書同。焦本又注，一作風，非。曾本云，一作夙。

△「書」誓　曾本云，一作參。宋書作參。

△「山河」　曾本作河山。注，一作山河。

△鬱鬱　李本、蘇寫本作蔚蔚。宋書同。案，鬱、蔚，古通。

△洪「柯」　宋書作河。語默，宋書作默語。

△運「因」　宋書作固。

△隆「窊」　宋書作汙。案，窊、汙義同。

△不「忒」　宋書作惑。斯「心」，曾本、蘇寫本云，一作遠。近可，宋書作可近。

△「三」臺　各本作二。曾本云，一作三。案，作三是。尚書爲中臺，謁者爲外臺，御史爲憲臺，謂之三臺。

△於「皇」　李本、蘇寫本、焦本作皇，宋書同。曾本作穆，注云，一作皇。案，作皇是。周頌：於皇武王。孔疏：於者歎辭，皇訓爲美。

△「仁」考　册府作烈。風雲，宋書作夙運。

△「冥」茲　李本、曾本、蘇寫本作寘。曾本又注，一作冥。焦本云，宋本冥，一作寘，非。案，作冥是，作寘乃形近而誤。

△「弗」及　宋書作靡。案，弗、靡義同。

△負「影」　蘇寫本作景。案，景、影，古今字。負影隻立，曾本云，一作貧賤介立。

△「爲」急　宋書作其。無後爲急，曾本作無復其急。注，一作無後爲急，一作後無其急。焦本云，

一作無復其急，非。

△占「亦」　曾本云，一作云。宋書作爾。案，亦、云，兩可。

△名「汝」　宋書作爾。字「汝」，蘇寫本作爾，宋書同。

△「求」思　焦本作永。

△奚「特」　宋書作待，册府同。

【集評】

初讀之，敍次雅穆，嫌其結語不稱前幅，以少渾厚也。雖然，儼既免於孩，不好紙筆，已見無成矣，陶翁有激而言，蓋不得已哉。杜子美譏之云：「陶翁避俗人，未念能達道，有子賢與愚，何其掛懷抱。」如杜稱「驥子好男兒」，不既以賢掛懷耶？觀靖節命子、責子二作，子俱不才，委之天運，可謂善自遣矣。

長沙公侃，前史多議其非純臣，而此心有不可問者，陶翁爲祖諱也。（清蔣薰評陶淵明詩集卷一）

前半序述安雅，後半抒寫淋漓，安雅爲四古常格，其淋漓處筆騰墨飛，非漢、魏以來所能擬似。作四言者好爲莊，不知三百篇乃最刻畫新警，未嘗癡重。讀末二章，極似變小雅·正月、雨無正之流。（清陳祚明評選采菽堂古詩選卷十三）

命子詩竟是陶氏家傳，人有祖父功德堪述，是一樂事；人有功德著之於前，得子孫文采彰之於後，亦一快事。陶氏兩得之矣。

後人每於孩提之年，忽忽及長，漫無所成。易曰：「蒙以養正。」可不慎乎！（清張潮、卓爾堪、張師孔同閱曹陶謝三家詩·陶集卷一）

【析論】

案淵明有五言責子詩，責諸子之懶惰；有與子儼等疏，勉諸子和諧共處。此詩則追述祖德，以敎命長子儼也。詩分十章：

首章敘始祖至周之顯者。前二從始祖陶唐敘起，三四歷虞世，五六顯夏商，結二落到周之司徒。而以族昌總領以下諸章。

二章敘戰國以後，陶族遯隱，至漢則有愍侯。前四敘周季陶族隱而不仕。比之以鳳，顯遠祖之德高。五六出之以喻，括過暴秦之亂，跌出結二漢興而愍侯顯焉。

三章美愍侯，兼及陶靑。前六敘愍侯樹績受封事，寫得意氣風發。蓋愍侯乃淵明遠祖之最著者，宜爲詳表。結二帶過陶靑，言其能繼武前烈。

四章寫陶族自漢以來，枝派不能遍擧，窮通貴賤不一，收束至長沙公，爲下章布勢。前四說陶族源遠流長，枝派流衍。渾渾、群川二句相應；鬱鬱、衆條二句相應。五六承上四，以任時委運，語默、隆窊括而說之，正是以簡馭繁。結二落到中晉長沙公勒住。

五章寫長沙公心期高遠，非近世可得。起二承上章長沙，表其勳、德。三四說勳，五六言德。

結二咏歎作收。長沙公於時爲近，聲稱尤著，故特爲專叙。

六章續寫祖、考。前四叙祖武昌公事，表其嘉德。愼終如始句吃重。後四叙考安城公事，表其沖懷，不喜不懼，超然物外。

七章前二承前七章述祖先功德，落到己身不肖。中四承上，接叙兩鬢斑白，無後爲急。案長子生時，陶年卅五。結二落淸有子勒住。

八章正寫命子。前四寫時日咸吉，鄭重命子。五六應儼字，七八應思字。深致克勤學問，企及古賢之心。

九章寫望子成才。首二寫恐子之不善如己。三四一轉，謂人皆如是，豈僅一己之私心！後四追進一步，言子欲其可，人言情亦無假。兩層引證，局勢開展。

十章勉子而委諸天運。前四寫免孩以後福難禍易提起，五六順轉，願其努力成才，七八又轉，以無奈不才，宕開作結。

此詩題名命子，前七章全叙祖德，八章方入正面，似嫌太緩，然頌祖德正所以期子步武之，故厚集其勢，不嫌辭費也。張玉穀云：「通體之虛實相生，繁簡互用，整散錯出，正喻夾寫，章法亦復美備。」（古詩賞析卷十二）

歸鳥一首

翼翼歸鳥，晨去于林。遠之八表，近憩雲岑。和風不洽，翻翮求心。顧儔相鳴，景庇清陰。
翼翼歸鳥，載翔載飛。雖不懷遊，見林情依。遇雲頡頏，相鳴而歸。遐路誠悠，情愛無遺。
翼翼歸鳥，馴林徘徊。豈思天路，欣反舊棲。雖無昔侶，衆聲每諧。日夕氣清，悠然其懷。
翼翼歸鳥，戢羽寒條。遊不曠林，宿則森標。晨風清興，好音時交。矰繳奚施，已卷安勞。

【校記】

△「近」憩　曾本云，一作延。
△「不」洽　曾本作弗，注云，一作不。
△「情依」　曾本云，一作飄零。
△「相鳴」　曾本云，一作鳴景。
△「馴」林　曾本云，一作相。蘇寫本、焦本云，宋本作相。
△欣「反」　曾本云，一作及。
△「寒」條　曾本云，一作搴。

△宿「則」　曾本云，一作不。蘇寫本作不。
△奚「施」　曾本作功。注，一作施。
△「已卷」　李本云，卷與倦同。曾本、焦本作卷已。曾本又注，一作已卷。
△「已卷安勞」　曾本、蘇寫本云，一作旦暮逍遙。

【集評】

鍾伯敬曰：其語言之妙，往往累言說不出處，數字囘翔略盡，有一種清和婉約之氣在筆墨外，使人心平累消。（鍾伯敬、譚元春評選古詩歸卷九）

沃儀仲曰：總見當世無可錯足，不如倦飛知返之爲得。「已卷安勞」是全篇心事。四章憑空起義，如海市蜃樓，以比體爲賦體。（黃文煥陶詩析義引）

淵明在當時實罕儔侶，託與歸鳥，寓意微矣。沃氏謂四章憑空起義，如海市蜃樓，以比體爲賦體，無非見當世無可託足，不如鳥之倦飛知還，其計爲甚得也，末句心事畢見。（溫汝能纂集陶詩彙評卷一）

此詩皆比也，與歸去來辭同意。公飲酒詩其四「棲棲失群鳥」一篇，亦用此意，而變化出之，皆可見其託物言情之妙。（邱嘉穗東山草堂陶詩箋卷一）

【析論】

此詩淵明以鳥自喻，寫其出仕而終歸田園之梗概。詩分四章：

首章寫遠飛思歸之意。前四寫鳥淸晨去林，飛翔自在之意態。遠之八表說其有遠志；近憩雲岑喻暫爲薄宦也。和風二句翻轉，有歸去之意。謂遭遇不佳，故掉轉翅膀，求其心之所嚮往。結二承上，謂顧儔侶而相鳴，暫庇身於淸陰。

二章寫鳥見林不忘之性。前四寫飛鳥唯其不懷遠，故見林情卽欲依止也。遇雲二句承上見林，謂於雲中高下翻飛，相鳴歸林。結二承上歸字，謂天空雖悠遠，而鳥生而依林之本性不忘也。

三章寫鳥返舊居自得之貌。前四寫其不思遠志，欣返舊林。雖無二句承上欣字，謂鄰曲妻孥雖不若朝中舊侶爲多才，然眞趣則相入也。結二寫其自得之貌。參見飮酒第五首。

四章寫歸後之情懷。前四寫其致仕歸隱，所寫見其高品。晨風二句寫樂詩友之交。結二寄慨，謂已卷藏在林，不勞弋者施矰繳也。此詩以比爲賦。

形影神一首 幷序

貴賤賢愚，莫不營營以昔生，斯甚惑焉。故極陳形影之苦，言神辨自然以釋之。好事君子，共取其心焉。

形贈影

天地長不沒，山川無改時。草木得常理，霜露榮悴之。謂人最靈智，獨復不如茲。
適見在世中，奄去靡歸期。奚覺無一人，親識豈相思。但餘平生物，舉目情悽洏。
我無騰化術，必爾不復疑。願君取吾言，得酒莫苟辭。

影答形

存生不可言，衛生每苦拙。誠願遊崑華，邈然茲道絕。與子相遇來，未嘗異悲悅。
憩陰若暫乖，止日終不別。此同既難常，黯爾俱時滅。身沒名亦盡，念之五情熱。
立善有遺愛，胡可不自竭。酒云能消憂，方此詎不劣。

神釋

大鈞無私力，萬物自森著。人為三才中，豈不以我故。與君雖異物，生而相依附。
結託既喜同，安得不相語。三皇大聖人，今復在何處。彭祖愛永年，欲留不得住。
老少同一死，賢愚無復數。日醉或能忘，將非促齡具。立善常所欣，誰當為汝譽。
甚念傷吾生，正宜委運去。縱浪大化中，不喜亦不懼。應盡便須盡，無復獨多慮。

【校記】

（形贈影）

△「無改」時　曾本、蘇寫本云，一作如故。案，作無改時義長。

△「榮」悴之　曾本云，一作憔。焦本云，一作憔，非。案，焦本是。

△不「如」茲　蘇寫本作知。曾本同，又注，一作如。案，作知，形近而誤。

△親「識」　曾本云，一作戚。案，作親識較長。

△「豈相思」　曾本、蘇寫本云，一作相追思。案，就文義與音節論，作豈相思義較長。

△騰「化」術　曾本云，一作雲。案，作騰化是，作騰雲，恐是淺人所改。

△「取」吾言　曾本云，一作憶。案，作取較佳。

（影答形）

△憩「蔭」　和陶本作陰。曾本云，一作陰。案，陰、蔭古通。

△「終不別」　曾本云，一作不擬別。案，作終不別較佳。

△「黯」爾　曾本云，一作默。案，作黯爾較佳。黯爾猶黯然。

△念「之」　曾本云，一作此。案，之、此義同。

△立「善」　曾本云，一作命。案，作命非。立善爲此首主旨。

△胡「可」　李本、焦本作爲。案，作胡可義較入一層。

△能「消」憂　蘇寫本作銷。案，消、銷古通。

△「詎」不劣　曾本云，一作誰，又作誠。蘇寫本云，一作誠。案，作誰、誠，義並不可解。

（神釋）

△萬「物」　李本、焦本、和陶本作理。曾本同，又注，一作物。案，下言森著，當以物爲是。「既喜」同，諸本作善惡。曾本、蘇寫本云，一作既喜。案，作既喜文義較長。不相「語」，蘇寫本作與。曾本云，一作與。案，當作語。以下爲神釋之語。

△大「聖」人　曾本云，一作德。案，義並可通，唯作聖較勝。

△「愛」永年　李本、和陶本作壽。曾本同，又注，一作愛。焦本云，一作壽，非。案，下言欲留不得住，當以作愛爲長。

△「無復」數　和陶本作何足。

△「立」善　曾本云，一作主。莫本云，一作至。作主、至並形近而誤。

△正「宜」　曾本云，一作目。案作目，蓋宜之壞字。

△便「須」盡　曾本云，一作復。案作復，蓋涉下句而誤。

△無「復獨」　和陶本作事勿。

△「無復獨多慮」　曾本云，一作無使獨憂慮。案，作無復獨多慮義較長。

三作不爲放達之言，祇在情理中酬答，靜夜讀之，百慮俱盡。東坡云靖節聞道，於此可證。（清張潮、卓爾堪、張師孔同閱曹陶謝三家詩·陶集卷二）

汪洪度曰：形贈影乃揮杯勸影之言，影答形言飲酒不如立善之爲正，皆從無可奈何中各想一消遣之法，設兩造以待神爲之釋也。瞻泰按：「委運」二字，是三篇結穴，「縱浪」四句，正寫委運之妙歸於自然。（清吳瞻泰輯陶詩彙註卷二）

淵明一生之心寓於形影神三詩之內，而迄莫有知之者，可嘆也！其中得酒、立善、委運三層，惟一立善而已。得酒欲以消憂，何憂乎？其言曰：「黃唐莫逮，慨獨在余。」則可知其所憂矣。孟子曰：「舜爲法於天下，可傳於後世，我猶未免爲鄉人也，是則可憂也。」則其憂之所證也。舜之與人爲善，舜之立善也。善不立，則古今之所共憂，而乃恃酒以消之，亦無可如何之極。然以三皇之聖，而不能如大鈞之長存，終不能免於憂也。憂之徒然，惟有委運而已。則委運者，淵明無可奈何之歸宿處，雖古今之大聖有不能踰焉者，況淵明乎？而淵明之此心，誠孔、孟以後僅見之一人矣，誰則知之也乎？（清馬墣陶詩本義卷二）

形贈影首四句言天地山川，長存不改，草木常物，故爾榮悴。人爲最靈，胡爲亦同草木，而不能如天地山川乎？草木與人對照，得常理與最靈知對照。茲字指天地山川。「適見在世中」以下，形極陳其苦也。「我無騰化術，必爾不復疑」，形以不能長存翻怨到影，想頭奇絕。結言既不能騰

化，不如飲酒，乃無聊之極思。（清吳菘論陶）

神，運形影者也。前八句神，三皇以下釋此，用莊子之理，賢者過之，反以委運任化爲極。「三皇」六句釋死。「日醉」四句分釋飲酒立名，甚念以下正意也。以任化爲正，終是沒把鼻，仍自以立善爲正，但不必求人譽耳。

立善誰譽？今及之而後知非口頭語，乃傷心語。孔子亦歎「知我其天」，即此意也。然只有如此，並無別路。陶公所以不得與於傳道之統者，墮莊老也。其失在縱浪大化，有放肆意，非聖人獨立不懼、君子不憂不惑不懼之道。聖人是盡性至命，此是放肆也。不憂不懼是今日居身循道大主腦，莊周、陶公處以委運任化，殊無下梢。聖人則踐之以內省不疚，是何等脚踏實地。（清方東樹昭昧詹言卷四）

【析論】

（形贈影）淵明此詩寫形主必死，故但勸飲，及時行樂以爲解。詩分三段，前六、中六、後四。首段「天地」二句謂天地長久不沒，山川亦無改易之時。「草木」二句承上，謂草木雖因霜露而榮悴，然其根本生機則不變也。意謂草木得常理，故能榮悴循環，生生不盡。「謂人」二句一轉，孰謂人最靈智？人獨不能如山川草木之長存也。中段「適見」二句承上「謂人」二句，謂人才見其在世上，轉眼之間卽已死去不再復生。「奚覺」二句承上，謂世人雖不覺缺少一人，然親戚與相識之人則或相追念也。「但餘」二句承上，謂人死，但餘平生用物，覺目見之，益覺其情悽愴。末段「

我無」二句謂我無騰化成仙之術，則必逝去不復可疑也。必爾句應前「獨復不如茲」，「奄去靡歸期」。「願君」二句一轉，謂願君（指影）記取吾言，得酒且及時行樂，莫苟且辭去。

（影答形）淵明此詩承前首，寫影苦同難長存，願形以立善。詩分三段，前四、中八、後四。前段「存生」二句謂長生不死不可得言，而衞護生命常感苦拙。「誠願」二句謂我誠欲遊崑華以學仙，而以路途遙遠，不得而至，此段以存生不可，引出末段立善揚名。中段「與子」二句謂自我與子相遇以來，汝悲則我悲，汝喜則我喜，未嘗有異。「憩蔭」二句謂子若憩蔭下，則我暫與汝乖；而子止日下，則我又立隨，終不可別。「此同」二句一轉，謂子亡我亦不存，則不能常同悲悅同止日下，如此將黯然隨時之流逝而消滅。「身沒」二句承上，謂子沒名亦隨之盡，思之令我情爲之焦。後段「立善」二句謂立善可有仁愛遺留於後，如此子何可不自努力以立善？「酒云」二句駁上首形之勸飲。謂酒雖云能消憂，然方之立善，則何其劣哉！

（神釋）淵明此詩爲神答形影之語，以謂行樂立善皆不足恃，只有委運而去，放浪大化之中。詩分三段，前八、中十、後六。前段「大鈞」二句謂造化無私覆私載，萬物自然繁多而顯著。「人爲」二句一轉，謂人得與天地並立爲三，豈不因我（神）之故？「與君」二句又一轉，謂我與君（形、影）雖爲異物，然而我等生來卽相依附。「結託」二句承上，謂君我既喜同寓一體，聞君對語，我豈得不語君，以解君惑。中段爲神駁形影之言詞。「三皇」四句謂古代之大聖如三皇者，今又在何處？彭祖愛長年，雖壽八百，欲長住於世而不可得。「老少」二句承上四，謂老少同須一死，而賢愚死後孰賢孰愚，亦無復得計。老少句應彭祖二句，賢愚句應三皇二句。「日醉」二句答形之語，謂日醉或能忘憂，然酒豈非短壽之飲料？「立善」二句則爲答影之語，謂立善固常所欣，然誰將贊美於汝？後段爲神自道之詞。「甚念」二句謂甚思及此將害吾生，正應順化而去。「縱浪」二句承上，謂放任於自然之運化中，如此方達不喜不懼之境。「應盡」二句承上，謂如此則應盡便須任其盡，不再多慮。六句乃謂素位而行，不願乎其外，殀壽不貳，無入而不自得。

淵明此詩就形影神三者之言，表現人生觀之三種境界，卽詩人之情趣、儒者之抱負，道家之超脫。（王叔岷先生語）而所肯定者乃在道家之超脫，層層翻進，極有層次。而各詩一氣而下，似不著力，卽楊龜山所云「沖澹深粹，出於自然」者也。

九日閑居一首 幷序

余閑居，愛重九之名。秋菊盈園，而持醪靡由。空服九華，寄懷於言。

世短意恒多，斯人樂久生。日月依辰至，舉俗愛其名。露淒暄風息，氣澈天象明。
往燕無遺影，來燕有餘聲。酒能祛百慮，菊爲制頹齡。如何蓬廬士，空視時運傾。
塵爵恥虛罍，寒華徒自榮。斂襟獨閑謠，緬焉起深情。棲遲固多娛，淹留豈無成。

【校記】

△「持」醪　和陶本作時。

△「持醪靡由」　古今歲時雜詠作時醪靡至。曾本云，一作時醪靡至。案，持醪靡由義較長。

△「九」華　歲時雜詠作陽。蘇寫本作其。

△於「言」　歲時雜詠作時。案，作言是。

△意「恒」多　李本、焦本、和陶本作常。案，恒猶常也。

△樂「久」生　歲時雜詠作有。案，當作久。

△氣「澈」　曾本云，一作清，又作潔。案，作澈較佳，澈謂澄清也。

△「往」燕　曾本云，一作去。案，往、去義同。

△酒「能」　曾本云，一作常。案，當作能。與下句爲互文，爲猶能也。

△「袪」百慮　和陶本作消，曾本云，一作消。

△菊「爲」　焦本作解，注，宋本作解，一作爲，非。曾本云，宋本作解。蘇寫本云，一作解。案，上有說。

△寒「華」　和陶本作花。案，華、花古、今字。

△緬「焉」　和陶本作爲。案，作爲當是形誤。

△多「娛」　曾本云，一作虞。案，娛、虞古通。

【集評】

「空視時運傾」，亦指易代之事。淹留無成，騷人語也。今反之，謂不得於彼，則得於此矣。後「棲遲詎爲拙」亦同。（宋湯漢註陶靖節先生詩卷二）

起意閒遠，中寫景寫情，並清出。淹留何所成？人生固有素也。「日月」二句作意新異。九，久也，故愛之。（清陳祚明評選采菽堂古詩選卷十三）

起五字包括無限，已領起通篇大意。沈確士謂比古詩「人生不滿百」二句，鍊得更簡更適。予謂陶詩不事雕飾，何嘗著意研鍊，而自爾淵雅含融，此陶之所不可及也。末言時運雖傾而游息多娛，與下「棲遲詎爲拙」同意。於閒散無聊之況而反得此逸興，一結寄托遙深，尤爲高絕。（清溫汝能纂集陶詩彙評卷二）

【析論】

淵明此詩寫重九感懷。詩分四段，前四、次四、再次六、後四。首段點明重九。「世短」二句謂人生在世，雖甚短暫，而意慾常很多，故人樂爲久生。「日月」二句謂日月依時而至，有其常期，而舉世愛此重九之名。蓋俗以重九取義長九（久），故愛其名。二句正應前二句。二段接寫重九之景。「露淒」二句謂暖風止息，霜露淒冷，空氣澄澈，天象爲之明朗。「佳燕」二句謂南去之燕已無餘影，而南來之雁尚餘音不盡。三段「酒能」二句謂酒能祛除百慮，而菊花能延年也。「如何」

二句一轉，謂如何草廬之士，無所事事，而空使時運過去。「塵爵」二句爲空視句進一解；謂以無酒可飲，而菊花亦徒開不賞，故空視時運之傾也。後段「斂襟」二句謂以無酒可飲，故斂襟獨自唱歌，而心情緬然高遠。「棲遲」二句承上，謂棲遲蓬廬固有多欣，而長貧閒居，亦可以有所成就也。淵明此詩嘆時運之傾，而事無成，似有所憤，結二強自解免，更覺淒然。詩起四解重九，露淒四句寫景，以下借酒菊引入情，收四敷衍閒居並致感慨。

歸園田居五首

其一

少無適俗韻，性本愛丘山。誤落塵網中，一去三十年。羈鳥戀舊林，池魚思故淵。
開荒南野際，守拙歸園田。方宅十餘畝，草屋八九間。榆柳蔭後簷，桃李羅堂前。
曖曖遠人村，依依墟里烟。狗吠深巷中，鷄鳴桑樹顛。戶庭無塵雜，虛室有餘閑。
久在樊籠裡，復得返自然。

【校記】

△適俗「韻」　曾本云，一作願。案，作韻是。作願，蓋韻之形誤，或淺人所改。

△「羈」鳥　曾本作羇。案，羈、羇通用。

△「戀」舊林　曾本云，一作眷。案，戀、眷義同。

△南「野」　曾本云，一作畝。焦本云，一作畝，非。案，既言開荒，當以作野爲是。作畝恐涉下十餘畝而誤。

△方「宅」　藝文類聚作澤。案，宅、澤正、假字。莊子則陽：比於大澤。釋文：澤，本亦作宅。亦二字可通之證。

△草「屋」　曾本云，一作舍。案，屋、舍義同。作屋音節較佳。

△後「簷」　李本作園。曾本同，注一作簷。焦本云，宋本作簷，一作園，非。和陶本作圃。案，作園，涉上園田而誤。

△桃「李」　藝文類聚作竹。

△「復」得　曾本、和陶本云，一作安。案，作復是。

【集評】

沃儀仲曰：有適俗之韻則拙不肯守，不肯守拙便機巧百端，安得復返自然？此句如負重乍釋，眞覺快樂。（黃文煥陶詩析義卷二引）

可作園居畫圖。誰肯守拙？老死而不知返者，多矣。讀淵明此詩，能不憮然？（明張自烈輯箋註陶淵明集卷二）

是歸園田居總敘。下四首分賦其事，首四句賦起，一反一正。「羈鳥」二句，興而比也。作上下文通脈。末二句鎖盡通篇。（清邱嘉穗東山草堂陶詩箋卷二）

此詩縱橫浩蕩，汪茫溢滿，而元氣磅礴。大含細入，精氣入而麤穢除。奄有漢魏，包孕衆勝。後來惟杜公有之。韓公校之，猶覺圭角鑱露，其餘不足論矣。「少無適俗韻」八句當一篇大序文，而氣勢浩邁，跌宕飛動，頓挫沉鬱。「羈鳥」二句，於大氣弛縱之中，回鞭鞸鞚，顧盼回旋，所謂頓挫也。「方宅」十句不過寫田園耳，而筆勢騫舉，情景卽目，得一幅畫意。而音節鏗鏘，措詞秀韻，均非塵世喫煙火食人語。「久在」二句，接起處換筆另收。公以義熙多歸，此言桑麻長，種豆濯足，皆非多景詩，不必定爲是年作也。（清方東樹昭昧詹言卷四）

直吐露眞情來，無一修飾之語，而其間有無窮妙味，是陶詩之眞面目也。（日本近藤元粹評訂陶淵明集卷二）

【析論】

淵明此詩寫歸田之樂。詩分兩段，前八寫歸田之由，後十二寫歸田之樂。前段可分二層，「少無」二句謂自少卽無適俗之情，性愛丘山之美。「誤落」二句一轉，謂不意竟爲塵網羈牽，去山已三十年，實深遺憾。此是一層。次層「羈鳥」二句承一去三十年來，謂羈鳥尚戀舊林，池魚猶思故淵，而況人乎？「開荒」二句承前二來，謂於是我決意守拙歸田，開荒南野，何啻羈鳥歸來，池魚返淵之樂乎？以起下文歸田實境，此又一層。後段寫歸田之樂。「方宅」四句謂歸田後園林雖極狹小，居處雖極簡陋，然堂前桃李花發，園後榆柳蔭濃，其景淸幽異常。「曖曖」二句由宅及村，寫遠離人間荒村之景，以曖曖依依之朦朧境象狀之。「狗吠」二句謂置身其中，不僅居人悠然自得，即雞狗亦莫不恬然自適。其景如在目前。「戶庭」二句由村兜宅，謂庭無塵雜，室有餘閒，則與彼是非喧囂，動輒得咎之塵網相較，何啻天壤！結二承前意，逆挽塵網，結到田園之樂。謂得由塵網返此自然，得大解脫，歡欣之狀，溢於詞表。

其二

野外罕人事，窮巷寡輪鞅。白日掩荆扉，虛室絕塵想。時復墟曲中，披草共來往。
相見無雜言，但道桑麻長。桑麻日已長，我土日已廣。常恐霜霰至，零落同草莽。

【校記】

△「寡」輪鞅　蘇寫本云，一作鮮。曾本云，一作解。案，寡、鮮義同。作解，恐與鮮形近而誤。

△「荆」扉　和陶本作柴。案，荆、柴義同，作荆音節較佳。

△「虛室」　各本作虛室，曾本、焦本云，一作對酒。案，作虛室較佳。

△墟「曲中」　各本作曲中，曾本、焦本云，一作里人。案，墟曲與下披草相應，作墟曲是。

△披「草」　曾本云，一作衣。焦本云，一作披衣。案，作衣，恐因披字聯想而誤。

△「雜」言　和陶本云，一作別。案，雜、別義相近。

△我「土」　蘇寫本、和陶本作志。曾本云，一作志。案，作志非。

【集評】

此篇言野外事簡人靜，絕無塵慮，唯與鄉曲往來共談桑麻之長而已。然我之生理有成，而志願已遂，但恐天時變革，霜霰凋傷而零落同於草莽耳。蓋是時朝廷將有傾危之禍，故有是喻。然則靖節雖處田野而不忘憂國，於此可見矣。（元劉履選詩補註卷五）

「常恐霜霰至，零落同草莽」，又「衣霑不足惜，但使願無違」，深衷隱隱欲逗。（清楊雍建評選詩鏡十晉第三）

此既安居以後事。起六句由靜而之動。「相見」二句爲一篇正面、實面。「桑麻日以長」以下乃申續樂意耳。只就桑麻言，恐其零落，方見眞意實在田園，非喻己也。（清方東樹昭昧詹言卷四）

【析論】

淵明此詩承上首，寫歸田後與鄉人共話桑麻之樂。詩分三段，四句一段。前段「野外」二句謂閒居野外，不廣交通，故窮巷少車馬之跡也。「白日」二句謂白日亦掩門而居，而處虛空之室，棄絕塵世俗想也。此段寫歸後無俗人俗務煩心，生活閒適，是寫靜境。中段由靜而動，「時復」二句謂閒居所爲者，乃時復墟曲披草，與鄰曲往來。「相見」二句承上來往，謂往來相見無他言說，但道農事耳。後段自感之言。「桑麻」二句謂桑麻日已長大，田土亦日已增廣。結二一轉，謂我所關情者乃恐霜霰傷稼，不得收穫也。或曰結二乃憂朝廷將有傾危之禍，故有是喻。

淵明此詩一氣而下，至結二方一轉折，所寫平淡自然。

其三

種豆南山下，草盛豆苗稀。晨興理荒穢，帶月荷鋤歸。
道狹草木長，夕露沾我衣。衣沾不足惜，但使願無違。

【校記】

△「晨興」　蘇寫本、和陶本作侵晨。曾本云，一作侵晨。案，作晨興較佳。
△「帶」月　曾本云，一作戴。案，帶、戴義並可通。惟作戴較近原本。
△草「木」長　和陶本云，一作不。案，當作木。作不，乃形近而誤。
△「衣沾」　曾本云，一作我衣。案，此著重在沾字，從衣沾義較長。
△「無」違　曾本云，一作莫。案，莫猶無也。

【集評】

鍾伯敬曰：幽厚之氣，有似樂府。儲、王田園詩妙處出此。浩然非不近陶，而似不能爲此一派，曰清而微遜其樸。譚元春曰：高堂深居人動欲擬陶，陶此境此語，非老於田畝不知。（明鍾伯敬、譚元春評選古詩歸卷九）

語承上首「嘗恐」之意，致其努力。露者霜之漸也，恐霜至不得畏露沾。道狹與土廣相映，廣

者懼其復狹，狹者可以再廣，是在鋤理。（明黃文煥陶詩析義卷二）

「晨興」四句，風度依依。（清陳祚明評選采菽堂古詩選卷十三）

「帶月」句，眞而警，可謂詩中有畫。（清溫汝能纂集陶詩彙評卷二）

【析論】

淵明此詩寫安於田園之願，全詩一氣搏捖。「種豆」二句謂種豆南山，草盛苗稀，寫耕作之不易。「晨興」二句承草盛句來，謂早出晚歸，誅鋤草茅，寫耕作之勤勞。「道狹」二句承上帶月句來，謂道狹草長，夕露沾衣。結二承上夕露句來，謂歸田之願無違，則衣沾何足爲惜？淵明此詩寫力作之苦，而正顯精神之安適飽足。至其寫法，每二句皆與前二句迴應，一氣不斷，爲步步脫卸格。

其四

久去山澤游，浪莽林野娛。試攜子姪輩，披榛步荒墟。徘徊丘壟間，依依昔人居。
井竈有遺處，桑竹殘朽株。借問採薪者，此人皆焉如。薪者向我言，死沒無復餘。
一世異朝市，此語眞不虛。人生似幻化，終當歸空無。

【校記】

△遺「處」　曾本云，一作所。案，處、所義同。作處音節較佳。

△桑「竹」　曾本云，一作麻。案，作麻，恐因桑字聯想而誤。

△「桑竹殘朽株」　曾本云，一作樹木殘根株。焦本云，一作樹木殘根株，非。案，樹木殘根株句拙，不若桑竹殘朽株爲佳。

△此「語」　和陶本作言。曾本云，一作言。案，言、語義同。

△「空」無　曾本云，一作虛。焦本云，一作虛，非。案，虛、空義同。唯此作虛，或涉上眞不虛而誤。

【集評】

「人生」句，率達者之言，終不以語率爲累。（清陳祚明評選采菽堂古詩選卷十三）

前言桑麻與豆，此則耕種之餘暇，憑弔故墟，而歎其終歸於盡。「人生似幻化」二句眞可謂知天地之化育者，與遠公白蓮社人見識相去何啻霄壤！（清邱嘉穗東山草堂陶詩箋卷二）

存殘生感，自具深情。（清孫人龍纂輯陶公詩評註初學讀本卷一）

【析論】

淵明此寫野遊觸景生感，而嘆人生無常。詩分三段，前四寫緣起，中八寫所見與答問，結四寄慨。前段「久去」二句謂久已廢去山澤之游，致曠廢林野之娛，此是起意。「試携」二句承前，謂今既得歸，則携子姪共披荒榛，尋廢墟，重得林野之娛。中段承上，前四寫所見，後四寫答問。所見者何？則荒冢、舊居、井竈、殘桑、朽竹而已。景象凄涼，令人感傷。見景如此，不能不生興廢之疑，故問採薪之人，所居者皆何在？則答以死無餘矣。此段一寫景，一答問，將人生無常，終歸空無之感皆表出。故後段緊扣中段來：「一世」二句扣前四句；「人生」二句扣後四句，章法井然。人生幻化，終歸空無，此理釋氏言之，淵明或就體驗而暗合其理，或用佛經義。

其五

悵恨獨策還，崎嶇歷榛曲。山澗清且淺，可以濯吾足。漉我新熟酒，隻鷄招近局。
日入室中闇，荊薪代明燭。歡來苦夕短，已復至天旭。

【校記】

△「悵」恨　和陶本作恨。案，作悵義較長。

△「山澗」　和陶本作澗水。曾本云，一作澗水。案，作山澗較佳。

△「可」以　各本作遇，曾本云，一作可。焦本作可，注，一作遇，非。案，作遇，乃借爲偶。惟作可較佳。

△「漉」我　曾本云，一作撥，又作掇，又作擠。

△近「局」　焦本作屬，注，一作局，非。曾本云，一作屬。案，作屬，蓋局之誤形。近局猶鄰局、鄰曲也。

△「代」明燭　曾本云，一作繼。代、繼兩可，作代較佳。

【集評】

前首悲死者，此首念生者，以死者不復還，而生者可共樂也。故耕種而還，濯足纔罷，卽以斗酒隻雞，招客爲長夜飲也。（清邱嘉穗東山草堂陶詩箋卷二）

田家眞景，令人悠然。（清孫人龍纂輯陶公詩評註初學讀本卷一）

此首言還，不特章法完整，直是一幅畫圖、一篇記序。余嘗言詩「采采芣苢」只換數字，而備成一幅畫圖，言外又見聖世風俗、太平歡樂之象，眞非晚周以下文字所能及，而嵬士妄人猶以諢語譏之，可謂不識好惡，仰面唾天矣。（清方東樹昭昧詹言卷四）

【析論】

淵明此詩承上首，上首由林野娛遊，寄人生如夢之慨。此首則由策杖而還，寫其樂生之趣。詩分兩段，前四後六。前段「悵恨」二句承上首，寫山林遊罷，策杖而還，路徑崎嶇，而心猶悵恨，是寫悲懷。「山澗」二句接寫悟及人生幻化，終歸虛無，爲不可免之事，則徜徉於自然之境，隨在足娛，偶遇清淺之山澗，適可濯足。是由悲而轉喜矣。後段寫歸家後以雞酒招鄰，然薪達旦之事。而以歡來掃空悵恨，亦總結歸園田終是樂事。「日入」二句似從古詩「晝短苦夜長，何不秉燭遊」變化而來。

遊斜川一首 并序

辛酉正月五日，天氣澄和，風物閑美。與二三鄰曲，同遊斜川。臨長流，望曾城，魴鯉躍鱗於将夕，水鷗乘和以翻飛。彼南阜者，名實舊矣，不復乃為嗟歎。若夫曾城，傍無依接，獨秀中皋，遙想靈山，有愛嘉名。欣對不足，率爾賦詩。悲日月之遂往，悼吾年之不留。各疏年紀鄉里，以記其時日。

開歲倏五十，吾生行歸休。念之動中懷，及晨為茲遊。氣和天惟澄，班坐依遠流。
弱湍馳文魴，閑谷矯鳴鷗。迥澤散游目，緬然睇曾丘。雖微九重秀，顧瞻無匹儔。
提壺接賓侶，引滿更獻酬。未知從今去，當復如此不。中觴縱遙情，忘彼千載憂。
且極今朝樂，明日非所求。

【校記】

△辛「酉」　各本作丑。曾本云，一作酉。又蘇寫本、和陶本丑下有歲字。案，辛酉歲陶年五十七，辛丑歲，陶年三十七，與五十者皆不合。蓋原序干支時日有誤竄，應作正月五日辛酉，此正月當指晉義熙十年。於此，逯欽立先生辨之甚詳。（見先生作陶淵明事迹詩文繫年義熙十年條，里仁

書局印陶淵明集二二〇頁至二二一頁。)

△澄「和」 和陶本作穆。曾本云，一作穆。案，作穆義同。

△「二三」 蘇寫本作一二。

△「曾」城 歲時雜詠作層，蘇寫本同。曾本云，一作層。案，曾、層古通。

△躍「鱗」 和陶本作鮮。案，蓋是形近而誤。

△「魴鯉躍鱗於將夕」 曾本云，一作魴鱮躍日於將夕。

△「嗟歎」 歲時雜詠作咨嘆。案，兩詞義同。

△「嘉」名 和陶本作佳。案，作嘉是。

△率「爾」 各本作爾。曾本云，宋本作共，一作共爾，蘇寫本云，一作共。歲時雜詠共上有爾字。案，作率爾勝。

△以「記」 和陶本作紀。案，記、紀古通。

△五「十」 李本作日。曾本云，一作日。焦本云，宋本作十，一作日，非。案，作十是。

△及「辰」 和陶本作晨。曾本云，一作晨。案，辰謂時也，作辰是。

△「惟」澄 和陶本作維。曾本云，一作唯，一作候。

△賓「侶」 歲時雜詠作客。案，賓客，賓侶義同。

△如此「不」 歲時雜詠作否，焦本同。案，不同否。

△中「觴」曾本、蘇寫本、焦本作腸。焦本並注，宋本作腸；一作觴。非。案，作觴是，中觴即飲酒。

【集評】

天氣和者不必澄，風物美者不必閒，此兼言之，方是初春時候，不落二三月矣。元亮寓目會心，興趣獨別。

昔人以斜川比桃花源，然桃源漁人相傳爲黃道眞，而斜川鄰曲無聞焉。據駱士傳，以落星寺似曾城，恐亦未確。序中南阜，舊注匡廬山，則曾城當在廬山北。（清蔣薰評陶淵明詩集卷二）

選字命語，自是晉人。後段清旨曠遠。（清陳祚評選采菽堂古詩選卷十三）

此游詩正格，準平繩直，無奇妙，而清眞自不可及。（清方東樹昭昧詹言卷四）

「氣和」八句，鍊字自然，寫景如畫。收四句「中觴縱遙情，忘彼千載憂，且極今朝樂，明日非所求。」全是素位而行、不願乎外之意，不可誤會爲曠達已也。（清方宗誠陶詩眞詮）

【析論】

淵明此詩紀斜川之遊，且以飲酒忘憂致意。詩分三段，前四、中八、後八。前段叙出遊之故。首二句謂開歲以後忽然年已半百，來日無多，殊爲可嘆。三句承二句來，生將歸休，我思及之能不由心感動而思欲遊樂？四句承前動中懷來，而爲覺悟語，與古詩：「爲樂當及時」之意同，落到遊字。次段寫茲遊所見。「氣和」二句寫天氣澄和，與友朋列坐溪旁，以賞風景。班坐與序「二三鄰曲」照應。「弱湍」二句寫上下所見。下所見則魴鯉急馳於弱湍中，弱、馳並用甚佳，愈顯魴鯉之動。上則見鳴鷗矯翼於閑谷。閑谷，言其靜；鷗鳴則見靜中之鬧趣。矯字亦佳，頗能狀輕健之態。二句用字皆精絕。「迥澤」二句則作廣狹觀。前句四處觀望，後句遠望曾丘。散、睇二字極自然，有不經意之趣。「雖微」二句承睇曾丘來。言此丘雖無九重之秀，然環顧之下，亦無可與匹敵者也。又與序「獨秀中皐」照應。後段「提壺」二句點清同游，搭入飲酒，是一樂。「未知」二句則一憂，謂自今而往，未知能否再有此樂否？「中觴」二句更言酒中寄情，可以忘憂。結二則撇開一切，及時行樂。「末段忽憂忽樂，序中悲日月二句意，插帶得無限曲折。」（張嘉蔭古詩賞析卷十三語）

淵明此詩著力於寫景，而歸結於飲酒忘憂，且樂今朝。故寫景處極清奇壯麗，俯仰無盡；寫情處極從容深款，清眞曠遠，與曾點暮春襟懷無以異。

示周掾祖謝一首

負痾頽簷下，終日無一欣。藥石有時閑，念我意中人。相去不尋常，道路邈何因。
周生述孔業，祖謝響然臻。道喪向千載，今朝復斯聞。馬隊非講肆，校書亦已勤。
老夫有所愛，思與爾為鄰。願言誨諸子，從我潁水濱。

【校記】

△詩題李本作示周續之祖企謝景夷三郎。又注，時三人皆講禮校書。曾本、蘇寫本、和陶本並作示周掾祖謝。焦本作示周續之祖企謝景夷三郎。曾本云，一作示周續之祖企謝景夷三郎時三人共在城北講禮校書。

△「終日無一欣」 曾本云，一作終無一處欣。案，作終無一處欣句拙不可從。

△「道」路 莫本作遊。案，作道是。

△「何」因 曾本云，一作無，又作所。蘇寫本云，一作無。焦本云，一作無，非。案，所猶何也。作無義並可通。

△講「肆」 曾本、蘇寫本、和陶本、焦本並作肆，李本作肄。案，作肄乃形近而誤。馬隊、講肆對言。

△「願言誨諸子」 李本、曾本、和陶本、焦本並作願言誨諸子。曾本又云，一作客，一作勉諸生，一作但願還渚中。蘇寫本作願言謝諸子。又注，一作願言誨諸子。案，作願言誨諸子較佳。

【集評】

詩似有冷譏，然曰「念我意中人」，又曰「思與爾爲鄰」，語意眞切，又不似譏諷。（清張潮卓爾堪張師孔同閱曹陶謝三家詩·陶集卷二）

魯兩生不肯起從漢高，況見此季代篡奪乎？故勸之從我爲箕、潁之游也。（清何焯義門讀書記·

陶靖節集）

起手紆曲有情，「道喪」二句一揚，爲下抑之張本，末結出風刺本意，婉而多風，即起處「相去不尋常，道路邈何因」，一詰便已含諷刺之意，隱然見我自抱病固窮，而若輩何以違離於咫尺之地，得非貪榮慕利，守道不終而然耶？（清邱嘉穗東山草堂陶詩箋卷二）

【析論】

淵明此詩刺周續之、祖企、謝景夷，欲其與己同歸也。詩分三段，前六、中六、後四。前段寫病中思周、祖、謝三生。「負痾」二句謂負病於頹簷之下，終日無可欣喜之事。「藥石」二句承上，謂藥石時或有間，然我卻時時想念諸公。「相去」二句承上念我意中人，謂然與爾等相去路遠，何由而得至？二句實含諷刺之意，蓋我自抱病固窮，爾等何以貪慕榮利，守道不終耶？次段於諸生似褒而實貶。「周生」二句謂周續之應檀韶之請，在城外講禮，加以讎校，祖謝二人響然斯應。以其講禮，故曰述孔業。「道喪」二句承上述孔業，謂聖人道喪，至今已近千載，不意今朝於此復得聞道。以上四句著意揚之，「馬隊」二句又深抑之。謂三生講舍近馬隊，實不足爲談道之所，而其校書之業，亦已勤矣。末段招三生來歸，謂我雅欲與爾等爲鄰，爾等且聽我言，從我歸隱於潁水之濱可也。語雖詼諧，意本肫切。

淵明此詩爲招友之作，故於周、祖、謝三人雖有不慊，然猶望其幡然來歸，故不明言，雖不明言，而抑揚之意，自在其中，令其自爲了悟。存心忠厚，古人交誼不苟，於此可見。

乞食一首

飢來驅我去，不知竟何之。行行至斯里，叩門拙言辭。主人解余意，遺贈豈虛來。談諧終日夕，觴至輒傾杯。情欣新知歡，言詠遂賦詩。感子漂母惠，愧我非韓才。銜戢知何謝，冥報以相貽。

【校記】

△我「去」 曾本、蘇寫本云，一作出。案，去、出義同。作去較佳。

△「解」余意 蘇寫本云，一作諧。曾本作諧，注云，一作解。和陶本作諧。案，作諧乃涉下談諧而誤。

△余「意」 和陶本作音。案，作音誤。恐是意之壞字。

△「豈」虛來 和陶本作赴。案，作赴誤。

△「豈虛來」 蘇寫本作副虛期。曾本云，一作副虛期，一作豈虛期。案，當作豈虛來。

△「談諧」 李本作談語。蘇寫本同。和陶本作談話。曾本、焦本作談諧。曾本云，一作諧語。案，作談諧義較勝。

△「夕」　和陶本作久。案，作久形近而誤。

△觴「至」　和陶本作舉，曾本云，一作舉。案，作至較勝。

△傾「杯」　曾本云，一作卮。案，作卮乃後人妄改。

△新知「勸」　各本作歡。曾本云，一作歡。案，欣、歡義重，作勸義較勝。

△「言詠」　焦本作與言。曾本云，一作與言。案，作言詠意較勝。

△「非韓才」　蘇寫本作韓才非。曾本云，一作韓才非。案，作韓才非句拙，音節亦不佳。

△「銜戢」　曾本云，一作戴人。莫本云，一作戴。案，作戴人誤。莫本云戢一作戴，恐是形近而誤。

【集評】

淵明得一食，至欲以冥謝主人，此大類丐者口頰也，哀哉哀哉！非獨余哀之，舉世莫不哀之也。飢寒常在生前，聲名常在身後，二者不相待，此士之所以窮也。（宋蘇軾東坡題跋卷二書淵明乞食詩後）

鍾伯敬曰：偏有此等事，爲陶詩中題面之光。又曰：妙在無悲憤，亦不是嘲戲，只作尋常素位事，便高、便厚、便深。

譚元春曰：讀「飢來驅我去」、「叩門拙言辭」、「主人解余意」、「冥報以相貽」四語，廉恥忠厚，溢於言外，覺與者受者，行逕不同。昔人稱淵明有則終日留賓，無則沿門乞食，有無取與

之間，皆有理趣存乎其間。（明鍾伯敬譚元春評選古詩歸卷九）

「驅」字、「不知」字，身不自主，寫得出，「拙」字截得住。人人受驅，人人不知何之，一巧而愈驅愈之，沾沾自喜，不復知愧矣。拙則不得不止，不得不愧，此元亮現身說法之旨也。愧非韓才，時代將易，英雄無聊。「冥報」二字，憤甚。淮陰能輔漢滅項，乃能報漂母。不然竟漂之恩，亦何繇報哉！板蕩陸沉之嘆，寄託於此。生不能伸志於世上，乃死欲伸志於地下，尚可得乎？果何物可貽哉！「貽」字冷甚。東坡以爲眞欲報謝主人，哀其口頰，抑何誤也。（明黃文煥陶詩析義卷二）

初爲飢驅而出，心中漫無所適，及叩門，覺爲謀食而來，故拙於言辭，且不屑有所請，在主人解意授餐，至飲酒賦詩，忽露本色，云「冥報以相貽」，即是拙言辭處。（清張潮卓爾堪張師孔同閱曹陶謝三家詩・陶集卷二）

此詩非設言也。因飢求食，是貧士所有之事，特淵明胸懷，視之曠如，固不必諱言之耳。起二句諧甚、趣甚，以下求食得食，因飮而欣，因欣而生感，因感而思謝，俱是實情實境。蓋淵明恥事二姓，自甘窮餓，不乞於權貴，而乞於田野，所謂富貴利達，不足以動其中也。淵明之乞，其諸異乎人之乞與！（清溫汝能纂集陶詩彙評卷二）

【析論】

淵明此詩寫乞食。詩分三段，前六、中四、後四。前段「飢來」二句謂爲飢驅而出，心中漫無所適，不知竟往何處？驅字讀之令人愴然。「驅」字，「不知」字，見其身不自主也。「行行」二句承上，謂行至斯里，及叩門扉，乃覺爲謀食而來，故拙於言辭也。「主人」二句謂主人見我拙於言辭，即知我來之意，故有所遺贈，不負我之所來。以上四句見淵明之放達，及主人之高厚。中段寫其談諧歡飲之狀。「談諧」二句謂主人解意，客亦欣然，故談笑終日，酒至則爲之飲盡。「情欣」二句承上，謂開懷歡飲，主人亦頻頻勸進，我遂爲之吟詠賦詩。中段與前段主人解吾意呼應。後段「感子」二句謂感子漂母飯信之意，所愧者我非韓信之才，未能以千金報。蓋韓信滅項興劉，以千金報漂母；而淵明處晉宋易代之交，惟守固窮之節。愧非韓才，自謙語亦實語也。「銜戢」二句謂我祇有深藏於心，而思身後爲報。二句與前扣門拙言辭映照。淵明此詩不必視爲設言，因飢求食乃貧士所有之事，特淵明胸懷，視之曠如，祇作尋常素位事，故不必諱言之耳。讀之覺其高厚。東坡謂其大類丐者口頰，何其誤也。

淵明此詩寫因飢而乞，乞而得食，因飲而欣，因欣而生感，因感而思謝，具是實情實景，其「飢來驅我去」、「叩門拙言辭」、「主人解余意」、「冥報以相貽」四語，廉恥忠厚，溢於言外，便覺受者與者，行逕不同。而末段有志不伸之意，溢於辭表。詩一氣直下，通篇是賦體。

諸人共遊周家墓柏下一首

今日天氣佳，清吹與鳴彈。感彼柏下人，安得不為歡。
清歌散新聲，綠酒開芳顏。未知明日事，余襟良已殫。

【校記】

△鳴「彈」　曾本云，一作蟬。案，作鳴蟬，則清吹當是清風之意。

△「散」新聲　曾本、蘇寫本云，一作發。案，散、發義同，唯陶公喜用散字。如遊斜川：迴澤散游目；庚戌歲九月中於西田穫早稻：斗酒散襟顏。

△「綠」酒　曾本云，一作時。案，作綠較佳。

△余「襟」　曾本云，一作懷。案，襟懷，正俗字。

【集評】

通首言游樂，只第三句一點周墓，何等活動簡便！若俗手，則下許多感慨語，自謂灑脫，翻成沾滯。（蔣薰評陶淵明詩集卷二）

筆端有留勢。如此篇章，豈不賢於「方宅十餘畝，草屋八九間」乎？亦賴「余襟良已殫」五字為風雅砥柱，不然，輕佻圓麗，曹鄴之長伎耳。（王夫之古詩評選卷四）

三、四豈止承上啓下，為古詩格律上乘。（張潮、卓爾堪、張師孔同閱曹陶謝三家詩陶集卷二）

此詩翻盡丘墓生悲舊案，末二句益見素位之樂，雖曾點胸襟，不過爾爾。（邱嘉穗東山草堂陶

【析論】

陶公此詩寓及時行樂之意。首二點遊字。三四觸景生情，感柏下人之寂寞，焉得不及時行樂？三句應題。五六正寫歡，清歌句與清吹句相應。結二亦及時行樂意，謂余之心懷已盡於此矣，明日之事實不關心。

淵明此詩造語清麗，胸懷灑脫，令人心胸爲開。

怨詩楚調示龐主簿鄧治中一首

天道幽且遠，鬼神茫昧然。結髮念善事，僶俛六九年。弱冠逢世阻，始室喪其偏。
炎火屢焚如，螟蜮恣中田。風雨縱橫至，收斂不盈廛。夏日長抱飢，寒夜無被眠。
造夕思鷄鳴，及晨願烏遷。在己何怨天，離憂悽目前。吁嗟身後名，於我若浮烟。
慷慨獨悲歌，鍾期信爲賢。

【校記】

△「六九」　曾本、蘇寫本云，一作五十。樂府詩集作五十。案，六九五十四歲，正義熙十四年戊

午，各家多繫於此年，唯古箋本從五十之說。

△焚「如」　曾本云，一作和。案，和爲如之誤字。

△盈「廛」　蘇寫本作厘。案作厘誤。廛訓一夫之居。

△「長抱」飢　李本、曾本、蘇寫本作長抱。曾本注，一作抱長。焦本云，一作長抱。案，抱長飢，長抱飢義並可通。

△「烏」遷　曾本云，一作景，又作烏。案，烏指日，景借爲影，義並可通。

△「在己何怨天，離憂悽目前」　曾本云，一作在己何所怨，天愛悽目前。

△「慷慨」　一作慨然。案，作慷慨較佳。

△「獨」悲歌　曾本、蘇寫本云，一作激。樂府詩集作激。案，作獨較佳。

【集評】

「喪室」至「烏遷」，疊寫苦況，無所不怨，忽截一語曰「在己何怨天」，又無一可怨。「何怨」後，復說「憂淒目前」，又無一怨矣。「憂淒」後，提出「身後」明所憂不在名，而歸悲歌於無鍾期。千怨結宿，單此一事。身分高貴，章法奇幻。

「鍾期信爲賢」，念知音之不可得也。既已辭名，又欲知音何哉？浮名在身後，知音在當年，當年乏知音之人，徒令後世憑弔，逝魂何由知乎？（明黃文煥陶詩析義卷二）

語氣楚楚。只緣抛不得身後名，儘他智勇，俱受此中勞攘，淵明若能忘情，五柳先生一傳，何

以至今猶存？以此知名不可沒，但無取盜名欺世耳。（明張自烈輯箋註陶淵明集卷二）

起言「天道幽且遠」，結歸「在己何怨天」，雖曰「怨詩楚調」，亦可謂怨而不怒矣。又題明謂示龐主薄、鄧治中，則所謂「鍾期信爲賢」者，卽指二人而言。公意謂吾不圖後世名，所賴當吾世而知我者有二君耳，是以己之慷慨悲歌自託於伯牙之善彈，而以知音望龐、鄧如鍾子期也。薛易簡以爲欲度調被絃歌，豈非隔靴搔癢乎？（清邱嘉穗東山草堂陶詩箋卷二）

沒世而名不稱，夫子疾之。人無身後名，是直與草木同腐耳。淵明不過一時感懷，發爲此語，非眞謂身後之足重也。然細按此語，非有淵明之襟期不能道。淵明安貧慕道，爲晉代第一流人物，豈不知身後之名必不可沒！第觀其於身前困阨，雖偶形之悲歌，究其中實無所係累，況身後耶？張評以五柳先生一傳尙存，謂其不能忘情，是亦不諒淵明甚矣。（清溫汝能纂集陶詩彙評卷二）

【析論】

淵明此詩慨歎己之境遇維艱，志業無成。詩分兩段，前十六後四。前段「天道」二句謂天道幽遠玄妙，鬼神之理，我亦茫然無所知。惟知行善事耳，以起下意。「結髮」二句謂少時便心念善事，且努力行之，至今已五十四歲矣。以下寫其生活之困苦，「弱冠」二句謂廿歲時世道混亂多災，卅歲時又喪妻。「炎火」二句謂屢年乾旱，烈日如炎火，各種害蟲恣意侵害農作。「風雨」二句謂繼則風雨交至，故所收糧食不足以飽一家。「夏日」二句繼言夏日長久挨餓，寒夜睡眠無被可蓋。「造夕」二句承上，謂飢寒苦甚，故黑夜思天明，白日思天黑。「在己」二句謂生活貧苦，其由在己，何必怨天，然思一生所遭憂患，如在目前，令人憂悽。後段「吁嗟」二句謂身後之名於我如浮煙，我視之甚輕。「慷慨」二句承上，謂吾不圖後世名，所賴當吾世而知吾者，唯子二人，故寄慷慨悲歌於伯牙，而以鍾期期望於子等也。

淵明詩常說至極窮困處，卽爲之撥轉，此詩寫己之遭遇極坎坷暗慘，然至後四卽爲之撥轉，頗有轉憂爲喜之勢。

答龐參軍一首 并序

三復來貺，欲罷不能。自爾鄰曲，冬春再交，欵乃良對，忽成舊游。俗諺云，數面成親舊。況情過此者乎？人事好乖，便當語離。楊公所歎，豈惟常悲。吾抱疾多年，不復為文。本既不豐，復老病繼之。輒依周禮往復之義，且為別後相思之資。

相知何必舊，傾蓋定前言。有客賞我趣，每每顧林園。談諧無俗調，所說聖人篇。
或有數斗酒，閑飲自然歡。我實幽居士，無復東西緣。物新人惟舊，弱毫多所宣。
情通萬里外，形跡滯江山。君其愛體素，來會在何年。

【校記】

△俗「諺」　曾本云，一作談。

△親「舊」　和陶本無舊字。曾本云，或無舊字。案，多一舊字，義較入一層。

△「況」情　曾本云，一本又有其字。案，其作乃解。

△楊「公」　曾本云，一作翁。案，作公是。

△「爲」父　曾本云，一作屬。案，爲父、屬父義同。

△「復」老　曾本云，一本復作兼茲。案，兩可。

△周「禮」　李本、焦本作孔。曾本同，又注，一作禮。蘇寫本云，一作孔。和陶本作禮。案，孔當是禮之誤字。禮古作礼。

△之「資」　和陶本資下有乎字。

△何必「舊」　曾本云，一作旦。草本云，一作早。案，作旦是早之壞字。早、舊義同。

△「㪷酒」　蘇寫本、和陶本作斗。曾本、和陶本云，一作斟。案，斗、㪷正俗字。作斟恐是㪷之誤形。

△「人惟舊」　曾本云，一作唯人舊。

△「多」所宜　曾本作夕。案，作夕，恐是多之壞字。

△情「通」　曾本云，宋本作懷。蘇寫本云，一作懷。焦本、莫本作懷。莫本又注，一作通。案，

通與下句滯對言，作通較佳。

△「滯江山」 曾本云，一作江山前。案，作滯江山是。

△君「其」 曾本云，一作期。案，其、期虛、實字。

△「體」素 和陶本云，一作禮。案，作禮誤。體素猶體性也。

【集評】

此篇足見陶公善與人交處，「談諧」數語既敬且和，「情通萬里外」數語，又期以從要不忘之誼。序中所謂依周禮往復之義者，豈虛語哉！（清邱嘉穗東山草堂陶詩箋卷二）

陶公小序，多雅令可誦。序中起數語，何等纏綿，令人神往。至其與人款接，往往於贈答之什，自有一種深摯不可忘處，此古人所以不可企也。（清溫汝能纂集陶詩彙評卷二）

龐爲公鄰，歷時未久，時龐欲出，以詩招公，公答此詩以謝之，且送其行也。（清張蔭嘉古詩賞析卷十三）

序文簡淨，自是小品佳境。

此處已言「相知何必舊」，而又言「人惟舊」，是不免爲語病，後人不可效顰，古人則不拘耳。（日本近藤元粹評訂陶淵明集卷二）

【析論】

淵明此詩答龐參軍，明已不欲出仕之志。詩分三段，前八、中四、後四。前段追敘龐與其卜鄰，談燕之樂。「相知」二句謂相知不在新舊，傾蓋而語，若相得，即可爲知己。二句虛引以起下六。「有客」二句謂有客賞我閒居之趣，故常至林園探顧於我。「談諧」二句承上，謂相談甚得，而所談者聖人之教訓，無世俗名利之論調。「或有」二句承上，謂若有數斗酒，則安閒對飲以相娛樂。中段落至龐參軍邀其出，而以耽此幽居，無緣再出答之。「我實」二句謂我實安於幽居之人，不復有東西游走，以求仕宦之意矣。「物新」二句一轉，謂人惟求舊，器惟求新，故爲此詩，以宣中懷。末段望其保身來會。「情通」二句謂我雖不往，形跡爲江山所滯，然我之情自必與萬里外之汝相通也。「君其」二句一轉，謂君須善寶愛君之體性，勿因出仕而更易，以待再會之時也。亦即前贈「勗哉征人，在始思終。敬茲良友，以保爾躬」之意也。

淵明此詩爲答贈之作，其於龐公不同志，故頗有招其來歸之意。恐龐公未能保其身也。詩由昔相得入，接言己志，再寄相思，情意綿邈。

五月旦作和戴主簿一首

虛舟縱逸棹，回復遂無窮。發歲始俯仰，星紀奄將中。南窗罕悴物，北林榮且豐。
神淵寫時雨，晨色奏景風。既來孰不去，人理固有終。居常待其盡，曲肱豈傷沖。
遷化或夷險，肆志無窊隆。即事如已高，何必升華嵩。

【校記】

△「始」俯仰　焦本作若。曾本云，一作若。

△「南窗罕悴物」　南窗，曾本云，一作明兩。歲時雜詠作明圃。罕悴，曾本云，一作萃時。和陶本悴作粹。南窗罕悴物，焦本作明兩萃時物。注，從宋本。一作南窗罕悴物，非。案，陶公初稿或作「明兩萃時物」，後改作「南窗罕悴物」，與下句對言，較自然。

△「神淵」　李本、焦本作神淵，曾本同，又注，一作萍光。和陶本作萍光，蘇寫本同，又注，一作神淵。歲時雜詠作神萍。案，作神萍蓋指雨師萍翳。

△「待」其盡　蘇寫本作殆。案，作殆誤。

△「已」高　歲時雜詠作似。曾本、和陶本作以。注，一作已。案，以猶已也。

【集評】

人能不以夷爲窊隆，便是登峯造極。（清蔣薰評陶淵明詩集卷二）

「既來」二句達識，語合自然。初以沖字韻不亮，置之細詠，固無嫌也。（清陳祚明評選采菽堂古詩選卷十三）

此詩因時節之變遷，而感及於人事存忘進退之理，雖天道有盈虛，而此心確乎其不可拔，非夫知命不惑而有潛龍之德者，其孰能之！（清邱嘉穗東山草堂陶詩箋卷二）

「既來孰不去，人理固有終，居常得其盡，曲肱豈傷沖」四句，得孟子「殀壽不貳，修身以俟

之」之意。「遷化或夷險，肆志無窊隆，卽事如已高，何必升華嵩」四句，得依乎中庸、無入而不自得之意。（淸方宗誠陶詩眞詮）

【析論】

淵明此詩因時節之變遷，感人事存忘進退之理。詩分三段，前四、中四、後八。前段寫時光運轉之速。「虛舟」二句謂時光如虛舟放逸而去，而無有回轉之時。「發歲」二句承上，謂春歲始發，然俯仰之間，歲月忽將半矣。中段承上星紀奄將中，謂南窗之外，無憔悴之草木，而北邊樹林正欣欣向榮。雨景微濛，上障天光，澄淵清澈，雨脚雨點，絲絲倒現。色清風和，景風憑晨色並奏。後段「既來」二句一轉，謂雖如此，然有來必有去，當前繁華終必落至憔悴淒冷；人之生理亦必如此，有生必有死。「居常」二句承上意，謂吾人當居常以待其盡，則曲肱豈傷其和？蓋「飯蔬食飲水，曲肱而枕之，樂亦在其中矣。」此卽居常之事也。常則虛矣，虛則常矣。老子云：「道沖而用之，淵乎若萬物之宗。」居常之道之源也。故曰：「曲肱豈傷沖」，所以暢發居常之義也。「遷化」二句意謂人事之去來化遷，皆有陰陽寒暑，風雨晦明諸險夷之變易，而人理之肆志，無窊隆之異也。窊也肆志，隆亦肆志，我志不從世之窊隆變也。「卽事」二句意謂：而卽事論之，吾不知其高卑何如，以予觀之，似若已高矣。又豈必登華嵩之巓而後爲高乎？（後六用馬墣陶詩本義說）

淵明此詩因時節之變遷，感人事存忘進退之理，雖天道有盈虛，而此心確乎不可拔，無入而不自得矣。詩似有刺魏晉人服食求仙之風。其寫法由寫情物而入議論。

連雨獨飲一首

運生會歸盡，終古謂之然。世間有喬松，於今定何間。故老贈余酒，乃言飲得仙。
試酌百情遠，重觴忽忘天。天豈去此哉，任真無所先。雲鶴有奇翼，八表須臾還。
自我抱茲獨，僶俛四十年。形骸久已化，心在復何言。

【校記】

△詩題　曾本云，一作連雨人絕獨飲。

△何「間」　曾本云，一作聞。案，作聞，義可通。定何間，猶言竟在何處也。王叔岷先生謂間借為瞯。

△「天豈去此哉」　蘇寫本作天際去此幾。注，一作天豈去此哉。曾本注云，一作天際去此幾。案，二句義相近，作天豈去此哉較勝。

△雲「鶴」　曾本云，一作鴻。

△「自」我　蘇寫本作顧。曾本云，一作顧。案，顧猶但也。下接僶俛四十年，以作自為宜。

△「形骸久已化」　曾本云，一作形體憑化遷，又云形神久已死。案，淵明喜以化代死字。作形骸

久已化義更入一層。

△「心在」　和陶本作在心。曾本云，一作在心。案，作心在是。

【集評】

沃儀仲曰：他作談生死，猶是彭觴齊化之達觀，獨此云忘天任眞，形化心在，誠有不隨生存、不隨死亡者。一生本領，逗洩殆盡。（明黃文煥陶詩析義卷二引）

形化心在意超。（清陳祚明評選采菽堂古詩選卷十三）

飲者不理此詩義理，可以無飲。（清張潮、卓爾堪、張師孔同閱曹陶謝三家詩·陶集卷二）

前篇「人理固有終」數語，與此起首四句，卽神釋篇「應盡便須盡，無復獨多慮」之意。皆絕大議論，不意於小小題發出。蓋陶公深明乎生死之說，而不以夭壽貳其心，所以異於慧遠之修淨土、作生天妄想者遠甚。而其不肯入社、聞鐘攢眉之本意，亦從可想見矣。（清邱嘉穗東山草堂陶詩箋卷二）

連雨獨飲所云「運生會歸盡」，致慨甚深，故無端欲學仙，無端獨飲酒，皆無聊之極思，托興於此。（清吳菘論陶）

安溪云，此篇眞達之言。三語三換意，精。此酒中實際。末言形骸已化，獨餘心在，而更忘言，卽結任眞意。（清孫人龍纂輯陶公詩評註初學讀本卷一）

【析論】

淵明詩寫人生必死，世無仙人，不如飲酒以存其眞。詩分三段，前四、中六、後六。前段「運生」二句謂人與萬物，應運而生，自當歸於死，終古皆如此，言而不爽。「此間」二句承上，謂世上但言赤松王喬得道成仙，然於今尙何所見？意謂仙人亦是虛妄耳。中段「故老」二句謂故老贈予以酒，乃告余飲之可以得仙。二句與前段松喬照應。「試酌」二句承上，謂我試酌之，但覺百情超遠，再酌後，則天機渾忘矣。「天豈」二句又承上，謂天非去我甚遠，吾心之眞性卽是，但任眞卽天矣。後段「雲鶴」二句謂仙人（以雲鶴爲喻）眈躬道眞，遨遊八表，須臾可還。「自我」二句一轉，謂仙人雖可羡，而我不願顧，我獨抱任眞自然之心，僶俛從事，亦已四十年矣。「形骸」二句謂我之形骸雖久已化遷，而此心常在，並無損傷，吾心之外，更復何言！意謂雲鶴非吾所敢知也。

移居二首

其一

昔欲居南村，非為卜其宅。聞多素心人，樂與數晨夕。懷此頗有年，今日從茲役。弊廬何必廣，取足蔽牀席。鄰曲時時來，抗言談在昔。奇文共欣賞，疑義相與析。

【校記】

△懷「此」　曾本云，一作茲。案，作茲與下句茲字複。

△「弊」廬　莫本作敝。案，弊，俗字。

△「抗」言　曾本云，一作話。案，作抗較勝。抗言猶高言也。

△「共」欣賞　曾本云，一作互。案，作共義長。

△相與「析」　曾本云，一作斥。案，作析是。

【集評】

鍾伯敬曰：二詩移居，意重求友，其不苟不必言，亦想見公和粹坦易，一種近人處。（明鍾伯敬、譚元春評選古詩歸卷九）

山居析疑，與優游笑傲一輩人不同，此淵明身心最得力處。（明張自烈輯箋註陶淵明集卷二）

讀疑義相析，知淵明非不求解，不求甚解以穿鑿耳。若好奇附會，此揚子雲徒自苦，便失欣賞興趣。（清蔣薰評陶淵明詩集卷二）

起於未移居前，追想從前主意作冒。韓文題前多用此法。「鄰曲時時來」以下，正應上「素心人」、「數晨夕」意。孔子所謂擇里處仁之知，陶公有焉。（清邱嘉穗東山草堂陶詩箋卷二）

素心人固不易多得，「聞」字却妙，或作「間」字，便索然了。「欣賞」二字亦妙，非奇文不足共欣賞；欣之，賞之，此中大有會悟在。（清溫汝能纂集陶詩彙評卷二）

【析論】

淵明此詩寫移居南村，與鄰里過從之樂。詩分兩段，六句一段。前段寫移居之由乃在卜鄰；後段接叙鄰里過從之樂。前段「昔欲」二句謂昔日欲居南村，非欲簡其宅舍。「聞多」二句謂聞說南村多素樸之民，故樂與晨夕共處，是移居乃欲卜鄰。以上四句追叙之語。「懷此」二句落到現在移居，謂懷移居南村之心已頗有年所，今乃得爲此移居。後段「弊廬」二句謂屋舍何必求廣，但求遮蔽床席即可。與前非欲卜其宅照應。「鄰曲」四句承上聞多素心人，謂鄰居時時來訪，高言談論往事，且共同欣賞奇文，分析疑難文義。

移居詩共二首，淵明皆寫已遷，而於昔居不著一字，力寫今居之和樂得所，昔居之不諧，自可意會，借揚此而寓抑彼，全用虛寫，格局高妙。

其二

春秋多佳日，登高賦新詩。過門更相呼，有酒斟酌之。農務各自歸，閑暇輒相思。
相思則披衣，言笑無厭時。此理將不勝，無爲忽去茲。衣食當須紀，力耕不吾欺。

【校記】

△「披」衣　曾本云，一作拂。案，作披較勝。

△須「紀」　焦本作幾，注云，宋本作幾，一作紀，非。曾本、和陶本云，一作幾。案，作幾非。

紀當料理解。

△「不吾」 焦本作吾不。曾本云，一作吾不。案，作不吾較勝。

【集評】

直口頭語，乃爲絕妙詞。極平淡，極色澤。

飲酒務農，往返無期，閒適若此，可謂不虛佳日。（清蔣薰評陶淵明詩集卷二）

前首言方移居時，爲素心人可與賞奇析疑而來。此則言既移居後，與素心人賦詩飲酒，并及經紀衣食，止在力耕。蓋蒙前首，止以素心人爲主，而家計則帶言之，於理方足。（清邱嘉穗東山草堂陶詩箋卷二）

古樸而其中豐腴，是陶詩之所以不可企及。（日本近藤元粹評訂陶淵明集卷二）

【析論】

淵明此詩寫移居南村之後，與友飲酒過從之樂及務農之要。詩分三段，四句一段。前段「春秋」二句謂春秋佳日登高與友人共賦新詩。起句平淡，韻極。賦新詩與前談在昔對言。「過門」二句謂鄰曲有酒，卽過門招呼，斟而飲之。中段「農務」二句謂有農務時卽各自歸去耕作，閒暇則常彼此想念。「相思」二句承上，謂想念卽披衣前訪，談笑無有倦時。後段「此理」二句謂務農之理爲不可易，勿爲他故而去茲事。結二謂衣食必須經營，惟力耕可供衣食，此理眞不吾欺。

淵明此詩結言衣食須紀，力耕不欺，正見淵明品格之高，非竹林七賢輩放浪形骸所能比。詩直是口頭語，乃爲絕妙詞，極平淡，然極色澤，讀之極著實有力。

和劉柴桑一首

山澤久見招，胡事乃躊躇。直為親舊故，未忍言索居。良辰入奇懷，挈杖還西廬。
荒塗無歸人，時時見廢墟。茅茨已就治，新疇復應畬。谷風轉淒薄，春醪解飢劬。
弱女雖非男，慰情良勝無。栖栖世中事，歲月共相疏。耕織稱其用，過此奚所須。
去去百年外，身名同翳如。

【校記】

△「未」忍　和陶本作米。案，作米誤。
△「挈」杖　曾本云，一作策。案，挈、策義近。
△時「見」　曾本云，一作有。案，作見較佳。
△「應」畬　和陶本作舊。案，作應是。
△「春」醪　曾本云，一作嘉。案，作春醪義較勝。
△「良」勝無　曾本云，一作殊。案，良、殊義同。

【集評】

百年後，身與名且不得存，況外物乎？然則「敝廬何必廣」、「衣食當須紀」、「耕織稱其用」可也。（明何孟春註陶靖節集卷二）

（「弱女雖非男」二句）杯酒豈眞足解飢劬哉？聊自慰耳。承上句，忽創此奇喻。（「棲棲世中事」二句）世事之難在密，高士之癖在疎。（明黃文煥陶詩析義卷二）

「弱女」二句，卽詩人食魚不必河魴之意。老氏亦云：「知止常足」。（明張自烈輯箋註陶淵明集卷二）

眞率淋漓，以爽筆抒達旨，此陶公所爲擅場，如此詩乃眞漢人。（清陳祚明評選采菽堂古詩選卷十三）

【析論】

淵明此詩寫己歸南村之生活及感慨。亦喜劉柴桑之能歸也。詩分四段，依次爲四、四、六、六。首段寫己終歸南村。「山澤」二句謂山林田澤早已招我歸去，然我竟爲何事而躊躇不去？「直爲」二句承上，謂乃因親舊之故，不忍言離群索居也。二段寫其偶返上京舊居所見。「良辰」二句謂一旦良辰感懷，卽挈杖而返上京之舊居一遊。「荒塗」二句承上，謂但見荒涼之道路上並無歸人，而沿途常見廢墟也。三段回寫南村生活。「茅茨」二句謂南村新葺治之茅舍已成，而新田復應畬也。「谷風」二句謂東風轉爲淒薄，春醪正可解我飢勞。「弱女」二句承上喻酒雖醨薄，然差可慰我情懷，亦良勝於無也。末段爲淵明之感慨。「栖栖」二句謂世上之事，悽悽遑遑，而日月擲人而去，致與我相違也。此卽「世與我而相違」之意。「耕織」二句一轉，謂自耕自織，乃最能足其用者，而除此之外，尙有何須？「去去」二句承上致慨，謂百年以後，身名皆將歸於隱沒，則生前爭此空名亦有何用？不若耕織自足也。

淵明此詩寫安於田園生活，不求身外之名，見其素位而行，不願乎外之心，名利之念，悉已掃除。此詩轉折亦較多，前寫未遷之故，再寫遷而返，再寫新居，末參以議論，見其用心之深致。

酬劉柴桑一首

窮居寡人用，時忘四運周。櫚庭多落葉，慨然知已秋。新葵鬱北墉，嘉穟養南疇。
今我不爲樂，知有來歲不。命室攜童弱，良日登遠遊。

【校記】

△時「忘」　和陶本作志。案，作志誤。

△「櫚」庭　蘇寫本作門。焦本作空。注，一作櫚，非。曾本云，一作門，又作空，或作簷。紹興本作閭。案，櫚疑本作閭，閭門猶庭門。又疑本作櫩，櫩與檐同，屋檐也。故曾本云，或作簷，

簷卽櫩字。

△北「墉」　和陶本、焦本作牖。曾本、蘇寫本云，一作牖。案，北牖猶北窗；北墉猶北墻。

△「養」南疇　蘇寫本作卷，和陶本同。焦本作眷。注，一作養，非。曾本云，一作卷，又作眷。

案，作卷、眷並非。養猶長也。

△良「日」　蘇寫本作曰。曾本云，一作曰。案，作日是。

【集評】

唐人詩云「山僧不解數甲子，一葉落知天下秋」，本此。及時行樂，固是陶公素懷。（清邱嘉穗東山草堂陶詩箋卷二）

此詩是靖節樂天之學。「寡人用」，則與天爲徒矣。天之四運周擧，相忘於天地。落葉知秋，始知時序一周，正善寫「忘」字。新葵嘉穗皆秋景，一結，正見及時行樂也。（清吳瞻泰輯陶詩彙註卷二）

忽忘忽知，情緒婉折。聳然。（清孫人龍纂輯陶公詩評註初學讀本卷一）

「空庭」二句神妙，諸本多作「櫚庭」，或作「門庭」，「已知」多作「知已」，反欠渾脫。（清溫汝能纂集陶詩彙評卷二）

此賦秋懷也。酬劉意雖不略及，然皆可作告劉語看。（清張蔭嘉古詩賞析卷十三）

中有不能忘世，故遇時而慨，否則但見其樂矣。此皆無可奈何之辭，言外自有寄託。（清陶必

銓萸江詩話）

一起四句跌宕，前言劉，此言己。余今旅處亦罕人事，方知忘運之語眞也。（淸方東樹昭昧詹言卷四）

【析論】

淵明此詩感時節之易逝，故行樂當卽時也。詩分兩段，前六後四。前段「窮居」二句謂窮居少人往來，故時忘四時之周轉。「櫚庭」二句承上一轉，謂雖忘四時之周轉，今見庭前已多落葉，乃嘆時運已秋。「新葵」二句承上已秋，謂放眼而望，秋葵已茂，遂遮北牆；南疇嘉禾亦結實纍纍矣。觀此二句，乃知轉愁爲喜也。後段承上感時而發。「今我」二句謂今我不趁此秋景及時行樂，則恐不知得有來歲否也。結二承上爲樂，謂我將攜妻與童稚，趁此佳日，速爲遠遊也。

和郭主簿二首

其一

藹藹堂前林，中夏貯清陰。凱風因時來，回飇開我襟。息交遊閑業，臥起弄書琴。
園蔬有餘滋，舊穀猶儲今。營己良有極，過足非所欽。舂秫作美酒，酒熟吾自斟。
弱子戲我側，學語未成音。此事真復樂，聊用忘華簪。遙遙望白雲，懷古一何深。

【校記】

△堂「前」 曾本云，一作北。案，作前較勝。

△「貯」淸陰 蘇寫本云，一作復。曾本云，一作復，又作駐，又作佇。案，復猶覆也。作駐與貯義近。作佇，俗字。

△我「襟」 曾本云，一作心。案，襟猶懷也，與心義近。

△息「交」 曾本云，一作友。案，交、友形近，往往相亂。歸去來兮辭：請息交以絕遊。以作交爲是。

△「息交遊閑業，臥起弄書琴」，曾本云，一云息交逝閑臥，坐起弄書琴。逝，一作誓，坐起一作起坐。焦本作息交逝閑臥，坐起弄書琴。又注，息交遊閑業，臥起弄書琴。非。案，作逝，形近而誤。作開，與閑字形近而誤。臥起較坐起爲勝。

△「舂」秫 曾本作春。案，作春乃於舂形近而誤。

△我「側」 和陶本作前。曾本云，一作前。案，兩可，作側音節較佳。

【集評】

（總評）二詩前自述，言閒業之樂，後懷人，動銜觴之思。和言不獨酬答，亦有次第。（淸蔣薰評陶淵明詩集卷二）

寫景淨，言情深，乃不負爲幽人之作。（淸王夫人古詩評選卷四）

唐人語近，故熟；晉人語不近，故生。欲得生而不強生，則古；不強，則穩；五古之法如此。又「園疏」四句，語皆生雋。又「弱子」二句，趣。「遙遙望雲」，別有苦心。（清陳祚明評選采菽堂古詩選卷十三）

「藹藹」四句，林棲有託；「息交」四句，食用有資；皆營己也。「舂秫」以下，俱自足語，天眞爛漫，與「采菊東籬下，悠然見南山」同一灑落。「學語未成音」，家常語，使人味之意怡。（清吳瞻泰輯陶詩彙註卷二）

「舂秫作美酒，酒熟吾自斟」二語，何嘗不近，然妙極自然，語亦有以近爲佳者。陳評所云，似未可一概而論也。要之自然便不強，便穩。陳云生而不強，則自然之謂耳。（清溫汝能纂集陶詩彙評卷二）

【析論】

淵明此詩寫閒居自足之情趣，並及懷古之高情。詩分兩段，前十四後四。前段寫閒居之情趣，後段寄慨。前段首四句點明時序，言林下淸陰，南風之薰，正足開我胸懷。「息交」二句言當此之際，我屏却交遊，漫遊閒業，終日讀書彈琴，其樂何極！弄書琴承遊閑業來。弄字佳，有自得其樂之趣。「園蔬」四句由蔬穀之不乏，跌出營己不求過足，一派安分自足之象。「舂秫」四句語甚灑落，酒熟自斟是自得語，極自然。弱子學語是家常語，趣味怡然。後段「此事」二句結前，謂凡此種種，皆爲可樂，世俗高位聊可忘却。結二深入一層，遙望白雲，深懷古人之高跡，吐出避世深情，結得悠然不盡。

其二

和澤周三春，清涼素秋節。露凝無游氛，天高風景澈。陵岑聳逸峯，遙瞻皆奇絕。芳菊開林耀，青松冠巖列。懷此貞秀姿，卓為霜下傑。銜觴念幽人，千載撫爾訣。檢素不獲展，厭厭竟良月。

【校記】

△和「澤」　曾本云，一作風。案，作風非。和澤，溫和潤澤也。

△「周」三春　各本作周，曾本云，一作同。案，作同恐是周之壞字。周，徧也。

△「清涼素」　李本、蘇寫本、焦本作清涼素。曾本作華華涼。焦本素下注，一作華，非。和陶本作清涼華。案，作清涼素秋節較佳。

△「清涼素秋節」　曾本云，一作清涼華秋節，又作清涼素秋節。

△「風」景　焦本作肅。曾本云，一作肅。案，下有澈字，宜作風。

△景「澈」　曾本云，一作冽。案，作澈較勝。

△「陵」岑　曾本云，一作淩，又作峻。案，陵、淩古通，峻也。作陵音節較佳。

△「霜」下　蘇寫本作山。注，一作霜。案，作霜義較長。

△「檢」素　曾本云，一作儉。陶詩彙註作簡。案，檢素作自檢平素解，則作檢；作書信解，並可作簡。

△「良」月　曾本云，一作終。案，上竟字一作終，誤刻於良下。竟、終義同。

【集評】

沃儀仲曰：天高景徹，乃可遙瞻，信筆皆工於體物。（明黃文煥陶詩析義卷二引）

「芳菊」二句，晉調不近。「霜下傑」，豈無寄意？（清陳祚明評選采菽堂古詩選卷十三）

遠瞻陵岑之奇絕，近懷松菊之貞秀，皆與陶公觸目會心，實借以自寓其不臣於宋之高節，所謂賦而比也。結四句頗吐忠憤本懷，殆欲有為而不得者歟？前首樂，此首憂，皆有次第。（清邱嘉穗東山草堂陶詩箋卷二）

「銜觴」四句，蓋謂千載幽人，無不抱此松菊之操，撫之而志節益堅，以今準古，亦猶是也。自檢平素，有懷莫展，厭厭寡緒，其誰知之乎！（清陶澍集註靖節先生集卷二）

【析論】

淵明此詩以幽人永守松菊貞秀之節操自喻。詩分兩段，前十後四。前段「和澤」二句謂三春多雨水，而秋季却是氣候清涼。「露凝」以下八句皆承上素秋節言。「露凝」二句寫天氣。謂露凝為霜，空中無一絲霧氣，天高氣爽，秋色澄澈。「陵岑」二句寫山陵，謂群峯高聳，遠遠望去無不挺秀奇絕。「芳菊」二句寫草木，一近一遠。謂芳菊開於林邊，光彩輝耀，青松立於山上，挺拔整齊。

「懷此」二句又承上二。謂懷想松菊貞秀之姿色，卓然挺立，可謂霜下之傑。後段承上興感。「銜觴」二句謂舉杯追懷古代隱者，千載以下我尚堅持爾等立品之秘訣。「檢素」二句謂中夜自檢平素，有懷莫展，厭厭寡緒，乃澈夜未眠。結四吐忠憤本懷，殆欲有爲而不得者歟？

淵明此詩以幽人松菊自喻，寫秋景極工致，詩乃賦而比之體。

於王撫軍座送客一首

秋日淒且厲，百卉具已腓。爰以履霜節，登高餞將歸。寒氣冒山澤，游雲倏無依。
洲渚四緬邈，風水互乖違。瞻夕欣良讌，離言聿云悲。晨鳥暮來還，懸車斂餘暉。
逝止判殊路，旋駕悵遲遲。目送回舟遠，情隨萬化遺。

【校記】

△送「客」　一作座上。

△「秋」日　曾本、蘇寫本、和陶本作冬，李本云，集本作冬，傳寫之誤。案，小雅四月：秋日淒淒，百卉具腓。以作秋爲宜。

△「四緬」　四，焦本、和陶本作思。注，一作四。緬，和陶本作綿。四緬，曾本作思綿，又注，

一作四緬。案，四與下互對言，作四較佳。緬邈、綿邈同義。詠綿正、俗字，緜、緬正、假字。

△「互」乖　和陶本作牙。案，作牙非。

△夕「欣」　李本、和陶本作欲。曾本同，又注，一作欣。蘇寫本、焦本作欣。案，欣、欲形近而誤。

△離「言」　焦本作筵。案，作筵義可通。唯與上讌重，以作言為是。

△「晨鳥暮來還」　曾本云，一作晨雞總來歸。案，作晨雞總來歸俗甚不可從。

△懸「車」　焦本作崖。蘇寫本同，又注，一作車。曾本云，一作崖。案，懸車指日落處。淮南子：日至悲泉，是謂懸車。作崖，乃淺人所改。

△「逝」止　焦本云，一作遊，非。曾本作遊，注，一作逝。案，逝指仕者，止指隱者，作遊誤。

△舟「遠」　曾本云，一作往。案，作遠境入一層。

【集評】

苦海不脫，只為情多，與化俱徂，則情隨之而遺落矣！鍾情語以遣情結，最工於鍾情。（明黃文煥陶詩析義卷二）

此僅於詞足盡意，而緜邈清綺，一往眞味，景與情俱帶畫意。起四句敘題；「寒氣」四句地；「瞻夕」四句時；收四句情。（清方東樹昭昧詹言卷四）

「情隨萬化遺」句，胸中何等活潑！所謂知者動、知者樂也。（清方宗誠陶詩眞詮）

這老敍風景處，常有淡然不可言之妙。謝詩「頹陽照通津，夕陰曖平陸」，比此自有逕庭。（日本近藤元粹訂陶淵明集卷二）

【析論】

淵明詩乃於王撫軍座送別庾登之之作。詩分四段，四句一段。首段點時叙題，寫秋日淒厲，百花具廢，値此履霜之節，特以登高餞歸。履霜、登高二語甚深致，送於被送者之節，於此判矣。二段寫地寫景，承前秋日淒厲來，所見一片蒼茫冷肅，不說別而別意已在。「游雲倏無依」，「風水互乖違」二句甚能描離別之情狀。三段正寫離別，「瞻夕」二句謂飲宴雖歡，終需一別，言之嘘唏。「晨鳥」二句點明其時，謂當此晨鳥暮還，懸車斂暉之時，而行子翻就長路，居人行客皆難爲懷。末段寄情，逝止句非特指朋友殊塗，實隱含有道不同，不相爲謀之意。旋駕句謂惜別悯悵，故遲遲不忍回車。結二再致深意，言回舟愈遠，觀化愈多，而情亦隨之而遷往也。

淵明此作，送與被送者志節不同，雖寫離情，而有微意在。通篇以寫景勝，由景見別情。蓋淵明與庾登之乃泛泛交，故不能就交往之實以寄慨也。

與殷晋安別一首 幷序

殷先作晉安南府長史掾，因居潯陽。後作太尉參軍，移家東下，作此以贈。

遊好非久長，一遇盡殷勤。信宿酬清話，益復知為親。去歲家南里，薄作少時鄰。
負杖肆游從，淹留忘宵晨。語默自殊勢，亦知當乖分。未謂事已及，興言在茲春。
飄飄西來風，悠悠東去雲。山川千里外，言笑難為因。良才不隱世，江湖多賤貧。
脫有經過便，念來存故人。

【校記】

△「久」長　曾本云，一作少。案，少長猶少久。非少長、非久長義殊。

△「盡」殷勤　曾本云，一作定。案，作盡勝。

△殊「勢」　和陶本作執。案，作執義並可通。執，持也。

△「未謂」　和陶本作禾黍。案，作禾黍義不可解。

△「東去」　曾本云，一作歸東。案，西來、東去對文，作歸東非。

△「良才」　曾本、蘇寫本云，一作才華。案，作才華較佳。

【集評】

眞相知不在久遠從，亦不在同出處，更不在期後會，何等雅契，何等曠遠。觀元亮別殷晉安詩，覺臨歧執袂為煩。雖然，語默殊勢，畢竟道不同也。（清蔣薰評陶淵明詩集卷二）

殷先作者晉臣，與公同時；後作者宋臣，與公殊調。篇中語極低徊，朋好仍敦，而異趣難一也。結句妙。用意忠厚。

題不稱殷參軍，而仍稱殷晉安，便有意。（清陳祚明評選采菽堂古詩選卷十三）

汪洪度曰：此首意極嚴而辭極渾厚。「信宿」而知爲可親，「淹留」而知其事乖，則其人品可見。（清吳瞻泰輯陶詩彙註卷二引）

殷事劉裕，與靖節殊趣，故篇中「語默殊勢」，已顯言之。至事已及，卽指其移家東下。「才華」數語，抑揚呑吐，詞似出之忠厚，意實暗寓譏刺。殷景仁當日得此詩，未必無愧。予謂讀陶詩者，當知其藹然可親處，卽有凜然不可犯處。（清溫汝能彙集陶詩彙評卷二）

殷出輔宋，本拂公心，而詩無譏諷，所謂親者無失其爲親也。（清張蔭嘉古詩賞析卷十三）

【析論】

淵明此詩寫送別殷晉安之情事。詩分五段。四句一段。首段寫雖爲近交，卽相知相親。二段倒敘，寫去歲殷來潯陽爲鄰，從游之樂，竟至淹留忘食。三段一翻，遞出因出處不同而當違，然不謂如此之遽！前三段皆述往事，以下則寫眼前。四段言此去關山乖隔，無緣再聞謦欬。風雲喻人生之乖離，且狀路途之遙遠，與下山川千里外照應。末段以良才不隱仕喻殷之仕宋；江湖多賤貧喻己之歸隱，相形見意。結二歸於忠厚，謂殷雖出仕，尚望其過從，詩人直諒於此可見，語又宛至而深曲。

淵明與殷晉安立志不同，故淵明於詩中，就此屢屢致意，如「語默自殊勢，亦知當乖分」；「

良才不隱世，江湖多貧賤」是。於可致微詞處，猶盡力周旋，存詩人忠厚之旨。

贈羊長史一首 并序

左軍羊長史，銜使秦川，作此與之。

愚生三季後，慨然念黃虞。得知千載外，正賴古人書。賢聖留遺跡，事事在中都。
豈忘游心目，關河不可踰。九域甫已一，逝將理舟輿。聞君當先邁，負痾不獲俱。
路若經商山，為我少躊躇。多謝綺與角，精爽今何如。紫芝誰復採，深谷久應蕪。
駟馬無貰患，貧賤有交娛。清謠結心曲，人乖運見疏。擁懷累代下，言盡意不舒。

【校記】

△序下曾本、蘇寫本注羊名松齡。和陶本、李本注羊松齡。

△千載「外」　蘇寫本作上。曾本云，一作上。案，上、外義同。

△「正」賴　焦本作政。和陶本作上。曾本同。曾本又注，一作政。案，和陶本作上，恐是正之壞字。正、政古通。

△「在」中都　曾本云，一作有。案，有乃在之形誤。

△「已一」　蘇寫本作爾去。曾本云，一作尒去，一作一邕。案，作爾去、尒去、一邕並誤。

△「當」先　和陶本作將。案，當猶將也。

△「不」獲　曾本云，一作弗。案，不、弗義同。

△綺與「角」　曾本云，一作園。

△「久」應　曾本云，一作又。案，作又乃久之誤形。

△「貰」患　和陶本作貫。案，作貫非。

△人「乖」　各本作乘，古詩紀作乖。案，作乖是。

△「擁」懷　曾本云，一作唯，又作歡。案，作唯、歡並非。

【集評】

「得知」二句，語率而健。

「路若」以後一氣下，低昂淋漓，而聲調不近。

此宋武平關中時作。不鋪張武功，不寄思三傑，而獨寄懷商山，公隱遁之志早決矣。（清陳祚明評選采菽堂古詩選卷十三）

企念在黃、農之聖賢，自寓在商山之四皓，聞之古者如彼，見之今者如此，此心曲所由結也。起止脈絡一線，慨歎淋漓。「古」、「今」兩字遙對。（清吳瞻泰輯陶詩彙註卷二）

靖節不幸，遭逢易代，往往有懷莫吐，徒望古而興悲。讀此篇末句，可以窺其志矣。（清溫汝

能纂集陶詩彙評卷二）

時宋公代晉之勢將成，羊往稱賀，公心實傷，詩以送行，却有諷其勿阿附意。（清張蔭嘉古詩賞析卷十三）

【析論】

淵明此詩送羊長史，時劉裕代晉之勢將成，羊往稱賀，淵明作此詩送之，有諷其勿阿附之意。詩分四段，前四、次八、再次四、後八。首段「愚生」二句謂我生於夏商周三代之後，慨然想念黃帝、虞舜之盛世。慨然句有世事日非之意。「得知」二句承上，謂欲得知千載以前之事，正有賴古人之書。二段爲送別正面。「聖賢」二句謂聖賢雖已逝去，然其餘迹却留在中都。「豈忘」二句承上，謂我豈是忘却游目騁懷？然以關河阻絕，而不得渡。「九域」二句一轉，謂今九域方一統，我整治舟車以往。「聞君」二句又一轉，謂聞君當先馳往，而我因病而不得俱，心實悵然。淵明欲訪關洛，乃爲游心目耳，與羊長史殊趣，故淵明託病不與俱往。三段「路若」二句謂君往關洛，若經商山，請稍爲我停留。「多謝」二句承上，謂代爲問候商山四皓，問其神明今且何如？後段爲淵明想像之詞。「紫芝」二句謂想商山之上，紫芝復有何人來採？深谷無人問津，久應蕪沒矣。駟馬以下六句承上致慨。「駟」馬二句謂雖居高位，有不可避免之憂患；而如四皓之貧賤交，自有其樂趣也。二句有勸羊長史勿趨炎赴勢之意。（案：紫芝歌有「駟馬高蓋，其憂甚大，富貴之畏人兮，不如貧賤之肆志」句。）「清謠」二句承上，謂四皓之歌尚結於心之深處，其人及其時則已遠矣。「

擁懷」二句謂累代之下，擁此孤懷，言雖有盡，而意則難舒。蓋冀長史解其言外之意也。淵明此詩雖爲贈別，然實欲招羊長史來歸。蓋淵明早見易代之勢，不忍長史之事姦人也。溫柔敦厚，得詩教之旨。詩一氣貫注，賦體也。

歲暮和張常侍一首

市朝悽舊人，驟驥感悲泉。明旦非今日，歲暮余何言。素顏斂光潤，白髮一已繁。

濶哉秦穆談，旅力豈未愆。向夕長風起，寒雲沒西山。厲厲氣遂嚴，紛紛飛鳥還。

民生鮮常在，矧伊愁苦纏。屢闕清酤至，無以樂當年。窮通靡攸慮，顦顇由化遷。

撫己有深懷，履運增慨然。

【校記】

△「厲厲」　焦本作冽冽。曾本云，一作冽冽，蘇寫本、和陶本同。案，厲借爲冽。

△「常」在　和陶本作嘗。案，作嘗非。

△「攸」慮　蘇寫本作欣。注，一作攸。曾本云，一作欣。案，靡攸猶無所。作欣義可通，惟恐是攸之誤形。

【集評】

起曰「悽」「感」，中曰「愁苦」，曰「無以樂」，愀然皆窮通之慮矣。到末忽掃一語曰「靡攸慮」，而歸之「履運增慨」，深懷在世道，不在一身。（明黃文煥陶詩析義卷二）

「歲暮」二字便有意，因時起興，易代之悲不言自喻矣。前後皆極悲憤，而中以闕酒爲不樂，以化遷爲靡意，正以掩其悲憤之跡。（清吳菘論陶）

起結明說易代。前曰「悽」曰「感」，曰「愁苦」，曰「無以樂」，窮通之慮深矣！忽又曰「靡攸慮」，故作一折，以歸於「遷化」。結又曰「增慨然」，自悲自解，已復自悲。「市朝舊人」，聲聲喚奈何矣！「民生鮮常在」，翻用詩語，感憤之極。（清吳瞻泰輯陶詩彙註卷二）

此篇音節悲古，起結尤感歎欲絕。蓋人生境遇無常，撫己慨然，正非淵明所獨。惟淵明當日之懷有難以告人者，故其觸景增慨，比他人爲獨深也。（清溫汝能纂集陶詩彙評卷二）

【析論】

淵明此詩歲暮感懷，並刺劉裕弒安帝於東堂而立恭帝。詩分五段，四句一段。前段「市朝」二句謂人代易速，市朝耆舊之人，莫不相爲悲悽；而其乘馬亦有悲泉懸車之感。「明旦」二句承上，謂明旦已非今日矣，值此歲暮，余亦何言？因時起興，易代之悲，不言而喻。二段寫其衰。「素顏」二句謂己白淨之容顏，已失昔日之光彩，亦白髮滿頭矣。「濶哉」二句反用秦穆語，詩謂我已年老，膂力豈曰不衰？秦穆之言，實是迂濶。三段正寫歲暮。「向夕」二句謂向晚之際，長風已起，寒雲遂沒入西山。「厲厲」二句承上向夕，謂寒氣凜烈，倦鳥紛紛還巢。此段似祇賦歲暮，實則比晉亡宋興，舊人畏罪相附。四段遙接二段。「民生」二句謂人無不死，況乃愁苦常糾纏其身。二句實古詩「生年不滿百，常懷千歲憂」之意。「屢闕」二句謂欲飲屢無酒，無復當年之樂矣。樂當年三字亦饒有深意。後段「窮通」二句謂此生窮通非我所慮，而由光潤而顛頓，但憑化遷，亦非關我所慮也。「撫己」二句謂感己身世，頗有深懷，今又履此歲暮時運，又增感慨。履運實有踐此惡運之意，即指劉裕弒安帝之時也。

淵明此詩感歲暮年老體衰，一事無成，實暗刺劉裕之弒安帝而立恭帝；兼亦刺舊人之事新朝者。用意深曲，不可以尋常感懷詩視之。詩通篇在暮字上轉，詞句簡古，用意精深，語甚悲憤，章法筆法，曲折頓挫。

和胡西曹示顧賊曹一首

蕤賓五月中，清朝起南颸。不駛亦不遲，飄飄吹我衣。重雲蔽白日，閑雨紛微微。
流目視西園，曄曄榮紫葵。於今甚可愛，奈何當復衰。感物願及時，每恨靡所揮。
悠悠待秋稼，寥落將賒遲。逸想不可淹，猖狂獨長悲。

【校記】

△重「雲」 曾本云，一作寒。案，寒當是重之異文。

△「曄曄」 蘇寫本作奕奕。案，曄曄、奕奕義同。

△「當」復 曾本云，一作後。蘇寫本云，一作行。案，當猶將也，行也。作後，恐是下復之誤字。

△「奈何當復衰」 曾本云，一作當奈行復衰。焦本云，一作當樂行復衰，非。案，作當奈行復衰，義亦可通，作當樂行復衰，非。

△「賒」遲 曾本云，一作奢。案，賒、奢古通。

△逸「想」 曾本云，一作相。案，作相乃想之壞字。

【集評】

廣大深密，學陶者何嘗見其涯涘。（清王夫之古詩評選卷四）

盛年難得，盛時難再，寫得酸楚。（清張潮、卓爾堪、張師孔同閱曹陶謝三家詩·陶集卷二）

此詩賦而比也。蓋晉既亡於宋，如重雲蔽日而陰雨紛紛，獨公一片赤心如紫葵向日，甚爲可愛，而又老至，不能及時收穫，漸當復衰，此公之所以感物而獨長悲也。（清邱嘉穗東山草堂陶詩箋卷二）

【析論】

淵明此詩感物之衰而恨志不獲展。詩分兩段，前十後六。前段「蕤賓」二句謂時當五月，清晨吹起南風。「不駛」二句承上，謂南風溫和，不急不緩，飄飄吹我衣裳。「重雲」二句一轉，謂忽而層雲遮蔽白日，微雨紛紛而下。「流目」二句一宕，謂放眼瀏覽，但見西園紫葵盛開。「於今」二句承上致慨，謂紫葵盛開雖甚可愛，奈何將有衰敗之時。後段寫其志不獲展之悲。「感物」二句承前段當復衰，謂感物之衰，每想及時勉勵，然皆志不獲騁。「悠悠」二句亦承上當復衰，謂待至秋收，紫葵將零落而所剩無多也。「逸想」二句謂及時之逸想，既不能久，惟狂放處世，獨自長悲以終此生耳。

淵明此詩似以紫葵自喻，感物之衰，亦恐己之衰，不能及時騁志。是賦而比之體。感盛時難再，寫得酸楚。

悲從弟仲德一首

銜哀過舊宅，悲淚應心零。借問為誰悲，懷人在九冥。禮服名群從，恩愛若同生。
門前執手時，何意爾先傾。在數竟不免，為山不及成。慈母沈哀疚，二胤纔數齡。
雙位委空館，朝夕無哭聲。流塵集虛坐，宿草旅前庭。階除曠遊迹，園林獨餘情。
翳然乘化去，終天不復形。遲遲將回步，惻惻悲襟盈。

【校記】

△在「數」　曾本作毀。注，一作數。案，毀乃數之誤形。

△竟「不」免　李本、焦本作未。曾本云，一作未。案，不未義同。

△雙「位」　曾本作泣。注，一作位。案，泣乃位之形誤。

△「旅」前庭　曾本、蘇寫本云，一作依。案，依乃旅之形誤，或淺人所改。野生曰旅。

△「悲襟盈」　曾本、蘇寫本、焦本並云，一作衿涕盈。案，作悲襟盈較佳。

【集評】

其情頗眞切，特多弱句，如「悲淚應心零」、「何意爾先傾」、「園林獨餘情」之類，皆不健。公詩眞率，每嫌體弱。是時諸家皆務矜琢，琢則遠自然，然自成其古；率則近自然，然每流於弱。（陳祚明評選采菽堂古詩選卷十四）

至情語。愈質愈慘。結有餘情。（孫人龍纂輯陶公詩評註初學讀本卷一）

陶詩類多古樸，臻於自然，若此篇與上和胡西曹二作中，如「不駛亦不馳」、「每恨靡所揮」、「在數竟未免，爲山不及成」等句，似屬急猝成章，不甚經意；卽按之體格，亦屬集中別調，非陶本色。陳評摘其一二率語，謂近於弱，似也。要之論古人詩，須於性情品格中求之，徒於字句間或一二篇什指瑕摘疵，則古人眞面目未爲得也，而況以論陶詩哉！（清溫汝能纂集陶詩彙評卷二）

【析論】

陶公此詩悲從弟仲遠之逝。前六寫訪仲德舊宅，伊人去逝，觸景生情，悲淚爲落。借問二句點懷人，禮服二句說親疏。門前二句寫仲德之猝逝。在數二句承前何意，謂命數屬夭，致功業不成。慈母四句宕開，寫其身後。妻早死、母病、子幼。朝夕無哭聲最是悲深。流塵四句寫舊宅淒涼之狀。翳然二句再點死字。結二寫滿懷悲痛，遲遲其行。結得餘情不盡。

陶公此詩，通篇在死上兜轉，「懷人在九冥」是死，「何意爾先傾」是死，「在數竟未免」是死，「雙位委空館」是死，「翳然乘化去，終天不復形」亦是死，而死之悲慘，情之難堪正所以顯也。

始作鎮軍參軍經由阿一首

弱齡寄事外，委懷在琴書。被褐欣自得，屢空常晏如。時來苟冥會，宛轡憩通衢。
投策命晨裝，暫與園田疏。眇眇孤舟逝，綿綿歸思紆。我行豈不遙，登降千里餘。
目倦川塗異，心念山澤居。望雲慚高鳥，臨水愧游魚。真想初在襟，誰謂形跡拘。
聊且憑化遷，終返班生廬。

【校記】

△詩題文選阿下有作字。此詩曾本在庚子詩後。

△「常」晏如　曾本云，一作恒。案，恒、常義同。

△「冥」會　文選作宜。曾本云，一作宜，又作且。案，作宜、且、並皆冥之壞字。

△「宛轡」　文選作宛。和陶本作婉。李本作婉。李本作婉孌。曾本、蘇寫本、焦本同。焦本又注，一作踠轡。案，宛，屈也。言屈長往之駕，息於通衢之中。作婉孌蓋聯想之誤。宛、踠義同。

△「園田」　曾本云，一作田園。案，陶有歸園田居詩，作園田爲宜。

△舟「逝」　文選作遊。案，作遊乃傳寫錯誤。

△登「降」　各本作陟。曾本云，一作降。六臣本文選注云，五臣作陟。案，登、陟同義，作登降是。

△「川塗異」　文選川作脩。曾本云，一作脩塗永。案，作川塗異較佳。川塗，謂水路與陸路也。

△「初在襟」　蘇寫本、曾本云，一作在襟懷。案，作初在襟較佳。

△形「跡」　文選作迹。六臣本注云，五臣作蹟。曾本云，一作迹。案，蹟爲迹之重文，跡俗字。

△終「返」　文選作反。六臣本注云，五臣作反。案，反、返古通。

【集評】

「冥會」，不求自至之意。參軍雖閒曹，終不似魚鳥之樂，非先生不能作此語。（清蔣薰評陶

淵明詩集卷三）

公蓄意若斯，縱履平運，亦應長往，「望雲」、「臨水」之思，此非可飾，誠眞想也。（清陳祚明評選采菽堂古詩選卷十三）

自道脫本懷。言偶出耳，卽作歸思。讀此四語，其胸次豈爲外榮所染者哉？卽「冥會」意。（清孫人龍纂輯陶公詩評註初學讀本卷二）

孔明初出茅廬，便有歸耕南陽之想；淵明始作參軍，便有終返故廬之志，其胸懷一而已。至於一返一不返，時勢不同，所遭各異也。

參軍本屬閒曹，然已不如魚鳥之樂，始知望雲臨水，淵明誠欲自保其眞也。結語沖淡入微，非淵明亦不能道。（清溫汝能纂集陶詩彙評卷三）

【析論】

淵明此詩寫離家赴任途中，卽興歸去之思。詩分三段，前八、中八、後四。前段寫自少本甘高隱，不意時來冥會，得遂出仕。「弱齡」二句謂少年寄身世事之外，不肯仕宦，而安心於琴書之中。「被褐」二句承上，謂雖身穿粗衣，資用常竭，然總坦然自得。「時來」二句一轉，謂不意己與時運默然相交，祇得委屈出仕。「投策」二句謂投捨杖策，命人整治清早啓程之行裝，而暫與田園別。中段正敘經曲阿所見，而處處觸起歸思。「眇眇」二句謂孤舟愈行愈遠，歸思縈繞，難以斷絕。「我行」二句設問，謂我行豈曰不遠，登山涉水亦有千餘里。「目倦」二句承上，謂目倦看沿途與家鄉不同之景物，衷心懷念昔日山澤之居處。「望雲」二句一轉，謂望雲慚高飛之鳥，臨水愧悠游之魚。二句蓋嘆己不能如高鳥游魚之悠游自在也。後段寫眞想豈拘形迹？化遷終歸故廬。「眞想」二句謂任眞自得之思想仍在胸懷，誰謂其受形迹之拘束？意謂仕途之行迹未能拘束己淳眞之思想也。「聊且」二句一轉，謂姑且聽任時運之變化（與時俱化），吾終返回田園。後段應起作收，筆極曲折。

淵明此詩寫方其往仕，即已思歸。詩通篇說一「歸」字。「弱齡」二句伏歸意；「心念」三句正說歸；「聊且」二句亦說歸。而前二結二反映，章法緜密。賦體也。

庚子歲五月中從都還阻風於規林二首

其一

行行循歸路，計日望舊居。一欣侍溫顏，再喜見友于。鼓棹路崎曲，指景限西隅。
江山豈不險，歸子念前塗。凱風負我心，戢枻守窮湖。高莽眇無界，夏木獨森疏。
誰言客舟遠，近瞻百餘里。延目識南嶺，空歎將馬如。

【校記】

△溫「顏」　何校宣和本作淸。蘇寫本云，一作淸。曾本云，一作淸。曾本云，一作淸。案，淸當作淸。禮記曲禮：「凡爲人子之禮，冬溫而夏淸，昏定而晨省。」

△「西」隅　曾本、蘇寫本云，一作四。案，作西是。

△戢「枻」　曾本云，一作世。案，世乃枻之壞字。

△「識」南嶺　曾本、蘇寫本云，一作城。案，作城非。識謂辨識。

【集評】

（總評）二首專寫歸省，恨處急處，足催喚世間遊子。（明黃文煥陶詩析義卷三）

「指景」句琢，非琢詞，乃琢意耳。結四語有作意。通首俱尖雋，惟筆老故不佻。（清陳祚明評選采菽堂古詩選卷十三）

余讀「一欣侍溫顏，再喜見友于」，及「久游戀所生」，與夫悲從弟、祭程氏妹諸詩文，而知公之眞孝友；讀責子、告儼等疏，及「弱子戲我側，學語未成音」、「弱女雖非男，慰情良勝無」等句，而知公之眞慈愛。自古未有居家不盡孝弟慈三者而能爲國之忠臣者也。（清邱嘉穗東山草堂陶詩箋卷三）

【析論】

此詩乃陶公從建康還潯陽舊居省親，爲風阻於規林，慨然而作也。前八寫歸心之切，後八寫阻風之怨。首二點題還字，計日正所以寫歸心之切。「一欣」二句寫歸切之由，便覺無限溫暖。「鼓棹」從江山險曲落到遊子念歸，亦寫歸切。「凱風」二句一轉，應題阻風事。「高莽」二句放觀，寫眼中所見。「誰言」四句作結，謂規林舊居近祇百餘里，南嶺亦遙望可識，而竟不得前，祇有空歎而已。頗有咫尺天涯之感。

此詩通篇於歸切上著眼，而阻風之怨，乃益突出。

其二

自古歎行役，我今始知之。山川一何曠，巽坎難與期。崩浪聒天響，長風無息時。

久游戀所生，如何奄在茲。靜念園林好，人間良可辭。當年詎有幾，縱心復何疑。

【校記】 案，此首各本無異文。

【集評】

（「靜念園林好」二句）不決辭人間，則他日又將復出矣！誓得妙，園林何嘗非人間，然較之朝市，則天上也，非人間也。（明黃文煥陶詩析義卷三）

「巽坎」句欠自然。（清陳祚明評選采菽堂古詩選卷十三）

「戢枻」、「崩浪」等句，寫阻風警動。「誰言」、「久游」等句，敘歸省意切。（清溫汝能纂集陶詩彙評卷三）

【析論】

此首承前歸省，兼致隱歸之意。首二歎行役之苦，更爲歸省覓一緣由。「山川」二句一轉，謂山川廣廓，風水難期其平靜。「崩浪」二句正寫風浪洶湧，其聲亂耳。聒字佳。「山川」四句並應題阻風。風浪實亦指宦場之險惡，與起首行役相應。「久游」二句一轉，謂久遊在外，想戀父母。「如何奄在茲」亦久留意。「靜念」二句順前，謂念及園林佳美，正好高隱，人間誠可辭謝不顧。結二感懷，謂壯年豈可再得？放縱情懷，不復多言可也。

此詩亦分兩大幅，前六後六。前六寫風波，後六寄歸隱之意。蓋歸隱園林，敘天倫之樂，勝於奔走人間遠矣。

辛丑歲七月赴假還江陵夜行塗口一首

閑居三十載，遂與塵事冥。詩書敦宿好，林園無世情。如何捨此去，遙遙至西荊。
叩枻新秋月，臨流別友生。涼風起將夕，夜景湛虛明。昭昭天宇闊，皛皛川上平。
懷役不遑寐，中宵尚孤征。商歌非吾事，依依在耦耕。投冠旋舊墟，不爲好爵縈。
養真衡茅下，庶以善自名。

【校記】

△詩題塗口各本作塗中。藝文類聚作塗口作。和陶本作塗中作口號。昭明文選作塗口。案，當作塗口。

△「遂」與　曾本云，一作遠。案，作遂較佳。

△「林園」　和陶本作園林，類聚同。

△「西」荆　文選作西。各本作南。案，李善注：西荆州也。時京都在東，故謂荆州爲西也。今從文選。

△「新秋月」　六臣本文選作親月船。案，新借爲親，新秋月猶親秋月。作新秋月較佳。

△「別」友　曾本云，一作引。案，作引乃別之形誤。

△「尙孤」　曾本云，一作向南。案，作尙孤較佳。

△舊「墟」　曾本、蘇寫本云，一作廬。案，墟、廬兩可，作墟義較廣。

【集評】

篇中澹然恬退，不露懟激，較之楚騷，有靜躁之分。（清蔣薰評陶淵明詩集卷三）

安貧樂道，絕無勉強，方能建此言。詩意安閒可愛。（清張潮、卓爾堪、張師孔同閱曹陶謝三家詩·陶集卷三）

此與上經曲阿、阻風二詩，皆作客思歸之意。公自謂性愛閒靜，不慕榮利，於此詩起結數語，

尤可想見。（清邱嘉穗東山草堂陶詩箋卷三）

【析論】

淵明此詩乃告假還家，假滿赴荆之作，而隱含歸意。詩分三段，前六、中八、後六。首段首二句謂其閒居三十年，遂與塵俗之事相絕。「詩書」二句承上，寫閒居所爲之事。謂經書正可滿足我昔日之愛好；林園耕作乃無塵俗之虛情相擾。「如何」二句一轉，謂如何竟捨去詩書敦好，林園娛情之事，而遠至西荆爲任。中段寫途中所見。「叩枻」二句謂臨流與朋友道別，敞舷與秋月親近。「涼風」二句謂傍晚時，涼風吹起，夜空清湛無滓。「昭昭」二句謂以夜空清湛無滓，更顯其開濶；月光照在水上，更顯其平淨。「懷役」二句謂有事在身，不暇睡眠，至中夜船尚駛向征途。末段寫己歸去之心。「商歌」二句謂商歌求仕，並非吾之志事，我所留戀者乃在耦耕自力。「投冠」四句寫其欲隱之心。謂我欲辭官還歸舊里，不爲高官厚祿所拘。庶幾養我性眞於衡門茅茨之下，成就生死自得，存養吾眞之名也。

淵明此詩澹然恬退，寫秋夜佳絕。

癸卯歲始春懷古田舍二首

其一

在昔聞南畝，當年竟未踐。屢空既有人，春興豈自免。夙晨裝吾駕，啓塗情已緬。
鳥哢歡新節，泠風送餘善。寒草被荒蹊，地為罕人遠。是以植杖翁，悠然不復返。
卽理愧通識，所保詎乃淺。

【校記】

△「泠」風　各本作冷。蘇寫本作冷。案，泠風，和風也，作泠是。

△「鳥哢」二句　曾本、焦本云，一作鳥弄新節令，風送餘寒善。曾本又云，令一作冷。案，一作句較劣。

△寒「草」　各本作竹。蘇寫本作草，又云，一作竹。又曾本云，一作草。焦本云，一作草，非。案，草正作艸，而誤爲竹。

△「罕」人　曾本、蘇寫本云，一作幽。焦本云，一作幽，非。案，地爲罕人遠意謂地因罕人至而遠也。作罕是。

△「乃淺」　曾本云，一作成淺。案，作成淺非。

【集評】

鍾伯敬曰：幽生於樸，清出於老，高本於厚，逸原於細，此陶詩也。讀此等作，當自得之。（明鍾伯敬、譚元春評選古詩歸卷九）

婉折有姿。（清陳祚明評選采菽堂古詩選卷十三）

「鳥弄」二句，巧麗絕倫。（清溫汝能纂集陶詩彙評卷三）

「在昔」二句言己屢空，以下言古人之事田園者，而以植杖倒點，收以己懷。（清方東樹昭昧詹言卷四）

狀景物處，常有閒雅幽邃，是這翁獨擅。（日本近藤元粹訂陶淵明集卷三）

【析論】

淵明此詩寫其歸隱田園之願。詩分兩段，前四後十。前段「在昔」二句謂當年聞有南畝，以從仕故，竟未踐躬耕，是則今已踐矣。「屢空」二句一轉，謂己雖爲仕，然飲食屢空，故起春耕之興念也。後段寫往古田舍所見及感慨。「夙晨」二句謂清晨整治吾之車駕，方啓程，我情已邈遠也。「鳥哢」二句謂鳥聲歡吟，喜春日之至；微風輕送，甚覺舒暢。前句驗之於耳，後句驗之於身，乃陶公名句。「寒草」二句謂寒草掩沒荒野小徑，地因罕人至，故覺其荒遠。「是以」二句承上，謂是以荷篠丈人處此而悠然自得，不欲返回塵世也。「卽理」二句一開一闔，謂若曰孔顏之徒乃通識者，若以荷篠丈人對之，卽使此理有愧，然而耕鑿中所保豈淺哉！淵明之言外意乃謂若與時依違而取富貴者爲通識，己寧歸以保其節也。

淵明此詩由追昔入，中寫古田舍，結二議論。琢句清新，而說理深曲。

其二

先師有遺訓，憂道不憂貧。瞻望邈難逮，轉欲志長勤。秉耒歡時務，解顏勸農人。
平疇交遠風，良苗亦懷新。雖未量歲功，即事多所欣。耕種有時息，行者無問津。
日入相與歸，壺漿勞近鄰。長吟掩柴門，聊為隴畝民。

【校記】

△「遺訓」　曾本云，一作成語。案，成語非。

△「瞻望」　曾本云，一作仰瞻。案，作瞻望音節較佳。

△「志」長勤　李本作志。曾本、焦本、和陶本作患，曾本又云，一作思，又作志。焦本云，一作志，非。蘇寫本作思。案，志長勤，謂立志勤於農事也，作志是。作思義近。作患，非。

△「歡」時務　蘇寫本作力。曾本云，一作力。案，作歡義較長。

△耕「種」　蘇寫本作者，注云，一作種。曾本云，一作者。案，作者，涉下句者字而誤。

△「日入」　曾本云，一作田人。案，作田人疑日入之形誤。

△畝「民」　曾本云，一作人。案，民、人義同。或唐人避太宗諱而改。

【集評】

陶靖節云：「平疇交遠風，良苗亦懷新。」非古之耦耕植杖者，不能道此語；非世之老農，不

能識此語之妙。（宋蘇軾東坡題跋卷二題陶淵明詩）

起便一折，佳。公致志高念，轉下亦不近也。

「平疇」二語寫景，神到之句，寫物者摭實，寫氣者蹈虛，便已生動；若寫神，誰能及之。（清陳祚明評選采菽堂古詩選卷十三）

「先師有遺訓，憂道不憂貧。瞻望邈難逮，轉欲忘常勤。」愈平愈高，轉近轉遠。「平疇交遠風，良苗亦懷新」，似欣然有望。「長吟掩柴門，聊爲隴畝民」，忘情語，實似未忘情意。（清楊雍建評選詩鏡十晉第三）

「交遠風」，「交」字活，妙。下句「亦」字亦活，傳神在此二字。「即事多所欣」，何等胸趣，唐人多取即事爲題，蓋本諸此。（清溫汝能纂集陶詩彙評卷三）

起四句飛動。第三句轉折，言不能不憂，故勸農，而以先師高一層起。「秉耒」八句，就順入田舍，又以問津倒煞收四句，再四詠羨之。公仕凡六年，此始懷歸也。（清方東樹昭昧詹言卷四）

【析論】

淵明此詩寫歸隱田園之樂。詩分兩段，前四後十二。前段「先師」二句謂君子憂道不憂貧，先師早有遺訓。「瞻望」二句一轉，謂企望先師之道，高遠難及，故轉而立志長期從事力耕。蓋淵明初亦有志於治世之道，然以時之不可爲，故退而求力耕。後段寫力耕之情景。「秉耒」二句謂秉持農具，欣喜作活，並笑語勸勉農人亦從事農耕。「平疇」二句寫田野所見，謂平曠之田野，遠風往復吹送，但見其俯仰不定。而田中麥苗亦已生意盎然。「雖未」二句謂雖尚未預計此歲之收成，然眼前如許事物卽多有可喜之處。「耕作」二句謂於工作休息時，並未見如孔子之有志世道之徒前來問路。行者無問津句承上先師二句，謂今無憂道不憂貧之人也。「日入」二句謂工作完畢與農人相偕歸去，歸後且提壺漿以慰勞近鄰。「聊爲」二句總結全詩，謂長歌且掩柴門，以便夜息，聊爲隴畝之民可也。意謂不能法孔子以爲治世之人，則聊且如沮溺之耦耕。

淵明詩雖寫歸田之樂，然亦有所憂，所憂者，道之不行也。以先師高一層起意，卽順入躬耕，結二綰合全首，興而賦也。詩寫景精絕，寓情於景。

癸卯歲十一月中作與從弟敬遠一首

寢迹衡門下，邈與世相絕。顧眄莫誰知，荆扉晝常閉。淒淒歲暮風，翳翳經日雪。
傾耳無希聲，在目皓已潔。勁氣侵襟袖，簞瓢謝屢設。蕭索空宇中，了無一可悅。
歷覽千載書，時時見遺烈。高操非所攀，謬得固窮節。平津苟不由，棲遲詎為拙。
寄意一言外，茲契誰能別。

【校記】

△顧「眄」　李本、曾本作眄。案，當作眄，作眄，形誤。

△晝常「閉」　各本作閑。焦本作閉。曾本、蘇寫本云，一作荊門終日閇。閇音必結反。案，當作閉，閇乃閉之俗字。閑乃閇之誤。

△淒淒，曾本云，一作慘慘。案，兩可。

△經「日」雪　焦本作夕。注，一作日，非。曾本、蘇寫本云，一作夕。案，作日是。

△「皓」已「潔」　曾本云，一作浩。李本云，潔，或作結。曾本作結。案，作皓、潔，如見其色，較佳。

△「謬」得　李本作深。曾本、蘇寫本同，又注，宋本作謬。焦本作謬，並云，宋本作謬，一作深，非。案，作謬較佳。

△苟不「由」　曾本云，一作申。案，作申乃形誤。

【集評】

淵明雪詩云：「傾耳無希聲，在目皓已潔。」只十字，而雪之輕虛潔白盡在是矣。後來者莫能加也。（宋羅大經鶴林玉露卷五）

無一可悅，俯首自歎；時見遺烈，昂首自命。非所攀，又俯首自遜；苟不由，又昂首自奪。章法如層波疊浪。（明黃文煥陶詩析義卷三）

「傾耳」二句寫風雪得神，而高曠之懷，超脫如覩。公自言甚明。「固窮」之上所謂「高操」者何也？言「非所攀」，故自解免耳。此意僅可寄之言外矣。

起四句便已傲睨一世。「平津」，平道也，人所共由，信不由之矣。起四句，一句一意，一意一轉，曲折盡致，全得子卿「骨肉緣枝葉」章法，而無揣摹之迹。（清陳祚明評選采菽堂古詩選卷十三）

有不欲見聞意。既俯首自歎，復昂首自命，語意層折。（清孫人龍纂輯陶公詩評註初學讀本卷二）

【析論】

此淵明作與從弟敬遠，許其固窮之節也。前四寫閉門謝世。邈與世相絕見其高潔；莫誰知反對與弟，寓知我者其唯敬遠之意。淒淒二句以風陪雪映題。傾耳二句寫聲鎖質潔，隱以自況。和氣四句頂寒遞飢。動字、侵字益覺其寒；簞瓢尚不能常設，更見其飢；而空宇無悅，益形窮困無聊之狀。歷覽六句陡轉，而爲解脫。謂高操難攀，固窮乃爲得道，棲遲非拙也。結二以寄意誰別，拍合其弟，謂我寄固窮非拙之深心於言外，弟必契之而與我無別也。此詩前半說得淒慘，後半撥轉，而固窮方有著落，兄弟友于之情乃見眞摯。

乙巳歲三月爲建威參軍使都經錢溪一首

我不踐斯境，歲月好已積。晨夕看山川，事事悉如昔。微雨洗高林，清飇矯雲翮。
眷彼品物存，義風都未隔。伊余何為者，勉勵從茲役。一形似有制，素襟不可易。
園田日夢想，安得久離析。終懷在壑舟，諒哉宜霜柏。

【校記】

△「好」已積　和陶本作耗。案，好此言甚。作耗非。

△「義風」　曾本云，一作在義。案，石崇大雅吟：義風遐暢。晉書劉琨傳：義風既暢。作在義非。

△「伊余」　曾本云，一作余亦。案，作余亦非。

△「夢想」　曾本云，一作想夢。案，作夢想音節較佳。

△離「析」　曾本、蘇寫本云，一作拆。案，作拆誤。

△「壑」舟　各本作歸。曾本、蘇寫本云，一作壑。焦本云，一作壑，非。案，壑舟較歸舟爲勝。雜詩之五：壑舟無須臾。莊子大宗師：藏舟於壑。下舟字和陶本作州，誤。

△「宜」霜柏　曾本、蘇寫本云，一作負。焦本云，一作負，非。案，作負非。

【集評】

趙泉山曰：此詩大旨慶遇安帝光復大業，不失舊物也。（宋李公煥箋註陶淵明集卷三引）

沃儀仲曰：林無求於雨，翮無求於飈，偶然相遭，任其自得，是爲義風。作參軍者一形有制，遂愧不如矣！（明黃文煥陶詩析義卷三）

「一形似有制，素襟不可易」二句，與「眞想初在襟」二句，「形骸久已化」二句，皆通道之言。（清方宗誠陶詩眞詮）

【析論】

淵明此詩明其歸去之志。詩分兩段，前八後八。前段首二點明時地，謂久不至錢溪，而今復來。「晨夕」二句一轉，謂雖久不至，然山川皆是舊況，殊爲可觀。「微雨」二句承事事悉如昔，寫雨助林光，飈助鳥力，乃今昔共有之景。「眷彼」二句承上興感，謂高林雲翮皆得風雨之助，而無所壅隔，而人顧自棄於義風之外何！後段寫己歸田之素心。「伊余」二句承前段見景生情，謂己勉勵爲役，緊扣詩題。「一形」二句承勉勵從茲役，謂身雖爲物役，然心實有所主宰，質素之抱，不可得而易之。園田句爲素襟進一解，謂久思爲田園之樂。安得句一翻，言如此安得久違田園乎？結二承前六，謂心終在隱，信宜如霜柏之後凋。「結忽用比，自新而矯。」（清孫人龍纂輯陶公詩評注初學讀本卷二語）

還舊居一首

疇昔家上京，六載去還歸。今日始復來，惻愴多所悲。阡陌不移舊，邑屋或時非。履歷周故居，鄰老罕復遺。步步尋往迹，有處特依依。流幻百年中，寒暑日相推。常恐大化盡，氣力不及衰。撥置且莫念，一觴聊可揮。

【校記】

△「家」上京　曾本、蘇寫本云，一作居。案，作居恐涉題舊居而誤。

△「六」載　曾本云，一作十。焦本云，一作十，非。

△「特」依依　曾本云，一作時。案，作特較勝。

△相「推」　曾本云，一作追。案，作推較勝。

△「撥」置　曾本、蘇寫本云，一作廢。案，廢、撥正、假字。

△「且莫」　曾本云，一作旦莫。蘇寫本云，一作旦暮。案，旦乃且之形誤，作旦暮，則又涉旦字而誤。

【集評】

六載之中，邑屋非而鄰老亡，不惟悲人，能無念我！一觴可揮，萬事盡慵矣。（清蔣薰評陶淵明詩集卷三）

「大化」二語，名言。人所慮者衰，孰知有不及衰者，造感更深一層，是以異語患不能異耳。作理語而平平，便卑矣。（清陳祚明評選采菽堂古詩選卷十三）

「撥置且莫念，一觴聊可揮」二句，非放曠之詞，正是用力克己去私之意。凡爲此類之詞，皆當作如是觀。與「出北門」詩意同。（清方宗誠陶詩眞詮）

【析論】

淵明詩寫還舊居感人事之非，恐大化之盡，而以飲酒消憂。詩分三段，前四、中六、後六。前段「疇昔」二句謂六年來居於上京，然往來常經栗里舊居也。「今日」二句謂至今始復來歸舊居，然已歷閱世事，不得吾心，毫無所得而歸，心中十分悲悽。中段承上，寫還舊居所見，見其深情。「阡陌」二句謂田畝阡陌，不改舊觀，然村舍已非昔日面目矣。「履歷」二句謂徧訪舊里，鄰老多已死去。「步步」二句謂漫步尋往日行跡，有某某處尤其令人留戀。末段「流幻」二句謂人生幻化，不過百年，而日月易得，寒暑相催。「常恐」二句承上謂常恐年歲卽盡，則衰將不及，說得可畏。「撥置」二句撥轉，謂且棄置不去念此，聊盡一觴酒可也。陶詩常說至極處，卽爲之撥轉，此卽其例。

戊申歲六月中遇火一首

草廬寄窮巷，甘以辭華軒。正夏長風急，林室頓燒燔。一宅無遺宇，舫舟蔭門前。
迢迢新秋夕，亭亭月將圓。果菜始復生，驚鳥尚未還。中宵竚遥念，一盼周九天。
總髮抱孤介，奄出四十年。形迹憑化往，靈府長獨閑。貞剛自有質，玉石乃非堅。
仰想東戶時，餘糧宿中田。鼓腹無所思，朝起暮歸眠。既已不遇兹，且遂灌我園。

【校記】

△長風「急」　曾本云，一作至。案，作急較佳。急與下頓字相應。頓，驟也。

△果「菜」　曾本、蘇寫本云，一作藥。案，作藥非。

△抱孤「介」　李本作念。焦本云，宋本作介，一作念，非。曾本作念，注，一作諸孤念，又作介。蘇寫本作念，注，一作諸孤。案，作孤介是。念字涉上「遥念」而誤。作「諸孤」，又因抱字聯想而誤也。

△「四」十年　曾本云，一作門。案，作門誤。

△自「有」質　曾本云，一作在。案，在乃有之誤。

△「無所思」　曾本云，一作且無慮。案，兩可，作無所思較佳。

△灌「我」園　李本作西。餘本作我。案，作西非。

【集評】

他人遇此變，都作牢騷愁苦語，先生不着一筆，末僅仰想東戶，意在言外，此眞能靈府獨閑者。（清蔣薰評陶淵明詩集卷三）

總有眞致。「迢迢新秋夕」數語，燔室後有此曠情。（清陳祚明評選采菽堂古詩選卷十三）

「形跡憑化往，靈府長獨閑」，卽形骸已化，心在忘言之意，而加警策。（清李光地榕村詩選卷二）

處之恬然，不以禍患攖於衷者。（清張潮、卓爾堪、張師孔同閱曹陶謝三家詩·陶集卷三）

形骸猶外，而況華軒。所以遺宇都盡，而孤介一念，炯炯獨存，之死靡它也。（清何焯義門讀書記，陶靖節詩）

【析論】

此詩寫盛暑遇火，然已不爲物情所牽，樂天安命。起二寫詩人之本志。正夏四句正寫遇火，遂令室無孑遺，而暫居泊於門前之船中。急字、頓字甚佳，非眞歷此事，斷說不出也。迢迢六句承轉，寫焚後初秋之景，並表現詩人之超然曠達。總髮六句又轉，寫其不爲物牽，堅守貞潔之本性。仰想四句寫東戶時代飽食無事，閒暇安樂之狀，反映今日，更興古今升降之想。四句與中宵佇遙念相應。

結二落回現實，寄守義安命之意。

己酉歲九月九日一首

靡靡秋已夕，淒淒風露交。蔓草不復榮，園木空自凋。清氣澄餘滓，杳然天界高。
哀蟬無留響，叢雁鳴雲霄。萬化相尋繹，人生豈不勞。從古皆有沒，念之中心焦。
何以稱我情，濁酒且自陶。千載非所知，聊以永今朝。

【校記】

△詩題歲時雜詠日下有作字。

△「靡靡」　歲時雜詠作縻縻。案，靡、縻古通。

△風露「交」　歲時雜詠作調。

△不復「榮」　歲時雜詠作盛。案，作榮較勝。

△園「木」　歲時雜詠作林。蘇寫本同，又注，一作木。曾本云，一作林。案，蔓草、園木對言，作木較佳。

△清「氣」　歲時雜詠作風。曾本云，一作光。案，作風、光並誤。

△餘「滓」　歲時雜詠作澤。案，餘滓謂塵埃，作澤非。

△「杳」然　曾本云，一作遙。案，杳借爲窈，深遠貌。作遙非。

△「哀」蟬　蘇寫本作衆。曾本云，一作衰。案，作哀義較長。作衰，形誤。

△「留」響　李本、蘇寫本作歸。曾本同，又注，一作留。焦本云，宋本作留，一作歸，非。案，作歸非。

△「叢」雁　歲時雜詠作征。曾本作燕。注，一作叢。焦本云，一作燕，非。案，作燕非。叢雁猶群雁。作征，義亦可通。

△「雲」霄　歲華紀麗作南。

△尋「繹」　歲時雜詠作異。曾本云，一作異。案，作異非。萬化相尋繹卽莊子「萬化未始有極」之義。

△「人」生　歲時雜詠作民。案，作民非。

△「從」古　歲時雜詠作自。案，從、自義同。

△「中」心　歲時雜詠作使。曾本云，一作令。案，作使、令義並可通。

△「稱」我情　歲時雜詠作報。案，作報非。稱猶合也。

△「且」自陶　曾本云，一作思。案，作思非。

【集評】

此詩亦賦而興也，以草木凋落，蟬去雁來，引起人生皆有沒意，似說得甚可悲。末四句忽以素位不願外意掉轉，大有神力。章法之妙，與詠貧士次首同。（清邱嘉穗東山草堂陶詩箋卷三）

王棠曰：「往燕無遺影」，妙在「遺」字。「哀蟬無留響」，妙在「留」字。皆靜察物理之言。（清吳瞻泰輯陶詩彙註卷三引）

「清氣」二語，道盡高秋爽色。「留響」，有作「歸鄉」者，究不及「留」字之妙也。（清溫汝能纂集陶詩彙評卷三）

【析論】

淵明此詩由晚秋之景，而生有生有沒之感，歸於飲酒及時行樂。詩分三段，前八、中四、後六。前段寫晚秋之景。「靡靡」二句點清時序，謂日行月邁，秋已暮矣；風露交至，淒其清矣。「蔓草」二句寫草木，謂蔓草園木空自凋謝，不復往昔繁盛之貌。「清氣」二句寫天，謂清空高遠，清氣澄澈，道盡高秋爽色，頗有秋陽以暴之，皜皜乎不可尚之意。「哀蟬」二句寫蟲鳥。謂哀蟬冬眠，已乏之餘音；群雁南歸，高鳴九霄。留字妙，乃靜察物理之言。中段承上而生感慨。「萬化」二句謂萬化尋繹，未始有極，人生世間，豈不憂結難消？「從古」二句謂自古以來。萬物皆有沒，思及之不覺中心焦慮。後段掉轉，爲自解之詞。「何以」二句謂濁酒自陶，正可稱我情意。結二謂身後千載之事，非我所能得知，聊且飲酒行樂，以永今朝。

淵明此詩層層相因而下，一氣連貫，賦體也。

庚戌歲九月中於西田穫早稻一首

人生歸有道，衣食固其端。孰是都不營，而以求自安。開春理常業，歲功聊可觀。
晨出肆微勤，日入負耒還。山中饒霜露，風氣亦先寒。田家豈不苦，弗獲辭此難。
四體誠乃疲，庶無異患干。盥濯息簷下，斗酒散襟顏。遙遙沮溺心，千載乃相關。
但願長如此，躬耕非所歎。

【校記】

△有「道」　曾本、蘇寫本云，一作事。案，作事非。
△「其」端　曾本云，一作無。案，作無非。
△「孰」是　曾本、蘇寫本云，一作孰。案，作孰非。形誤。
△「開春」　曾本、蘇寫本云，一作春事。案，作春事非。
△「晨」出　和陶本作景。案，作景非。
△「肆」微勤　和陶本作肆。案，肆猶力也，作肆非。

△負「耒」　李本作耒。焦本同，又注，一作禾，非。蘇寫本作耒，注，一作負禾。曾本云，一作耒。案，禾乃耒之壞字。

△弗「獲」　曾本作穫，注，一作獲。案，當作獲。

△「乃」疲　焦本作已。曾本云，一作已。案，乃猶已也。

△「庶」無　和陶本、蘇寫本作交。案，作交非。

△「患干」　曾本云，一作我患。案，作異我患義亦可通。

△盥「濯」　曾本云，一作灌。案，灌當是盥之異文。

△「襟」顏　李本、蘇寫本、和陶本、焦本作襟。曾本作憷，並云，一作劬，又作矜，又作襟。焦本云，一作劬，非。案，作劬非。矜乃衿之誤。衿與襟同。憷俗字。

【集評】

農圃乃小人事，須知沮、溺耦耕，亦非得已。先生西田之作，語意自見，不同田家樂也。（清蔣薰評陶淵明詩集卷三）

陶公詩多轉勢，或數句一轉，或一句一轉，所以爲佳。余最愛「田家豈不苦」四句，逐句作轉，其他推類求之，靡篇不有，此蕭統所謂「抑揚爽朗，莫之與京」也。他人不知文字之妙全在曲折，而顧爲平鋪直敘之章，非贅則複矣。（清邱嘉穗東山草堂陶詩箋卷三）

起說有道，爲穫稻占地步。語意婉折，深於閱世語。（清孫人龍纂輯陶公詩評註初學讀本卷二）

【析論】

淵明此詩叙耕作之苦樂，而益堅其躬耕之心。詩分三段，前四、中十二、後四。前段「人生」二句謂人生歸趣有常道，而以衣食爲其本。「孰是」二句承上轉意，謂何可不去經營衣食而只求己身之安逸？四句讀之，令人覺不事生產之人，反是俗根未脱，自作清態。中段承前段，寫其自營。「開春」二句謂一開春卽進行耕作，則此年之收成聊爲可觀。「晨出」二句承上理常業，謂清晨卽出從事耕作，至日入方負耒而歸。肆微動自謙之詞。「山中」二句一轉，謂山中多霜露，氣候較他處爲早寒。「田家」二句承上意，謂田家耕作豈不辛苦？然辛苦乃固然之事，難以辭去。「四體」二句換意，謂四肢誠然疲乏，然庶幾無禍患侵犯。「盥濯」二句遙映前日入負耒還，謂耕作完畢，洗濯休息，喝酒以滌愁散心。末段寫己力耕之決心。「遙遙」二句謂懷想遠隔千年之先賢長沮、桀溺，其心情竟能與己相契合。「但願」二句承上，謂願長能如此生活，師法古賢，躬耕實無可嘆。

淵明此詩由理入，再寫情景。

丙辰歲八月中於下潠田舍穫一首

貧居依稼穡，戮力東林隈。不言春作苦，常恐負所懷。司田眷有秋，寄聲與我諧。
飢者歡初飽，束帶候鳴鷄。揚檝越平湖，汎隨清壑迴。鬱鬱荒山裡，猿聲閑且哀。

悲風愛靜夜，林鳥喜晨開。曰余作此來，三四星火頹。姿年逝已老，其事未云乖。
遙謝荷蓧翁，聊得從君栖。

【校記】

△「依稼穡」 依，焦本云，一作事，非。曾本、蘇寫本云，一作事耕稼。案，作依稼穡音節較佳。

△「常」恐 曾本云，一作當。案，作常是。

△「寄」聲 和陶本作奇。案，寄聲謂寄言。作奇非。

△「候」鳴雞 和陶本作俟。曾本云，一作俟。案，候、俟義同。

△「鬱鬱」 曾本云，一作罇罇。和陶本作罇酒。案，作鬱鬱是。

△「靜夜」 曾本云，一作夜靜。焦本云，一作夜靜，非。案，夜靜與下晨開相對較工。惟作靜夜讀之較順口。

△從君「栖」 焦本作棲。案，栖同棲。

【集評】

譚元春曰：無一字怡然自得，生涯性情，矯作不來。

（「司田眷有秋」二句）鍾伯敬曰：田野眊眊，想見井田親睦之風。（「饑者歡初飽」句）鍾伯敬曰：非慣窮不知此趣，老杜「我饑豈無涯」，與此同妙。（「楊檝越平湖」二句）鍾伯敬曰：

遊覽妙語。（「悲風愛靜夜」句）鍾伯敬曰：愛字妙，無悲字不妙。譚元春曰：何愛之有，所以妙。（「林鳥喜晨開」句）鍾伯敬曰：此句之妙又不在喜字，而在開字。

鍾伯敬曰：陶公山水朋友詩文之樂，即從田園耕鑿中一段憂勤討出，不別作一副曠達之語，所以爲眞曠達也。又曰：儲光羲、王維田家詩，情事眞朴，從陶公田園等詩中出。偶然作意言高遠，從飲酒諸詩中出。古人雖無擬議，然性習所近，淵源不遠。（明鍾伯敬、譚元春評選古詩歸卷九）

及時力田，田畯事遊，襟期開朗，作詩自然高潔。（清張潮、卓爾堪、張師孔同閱曹陶謝三家詩・陶集卷三）

不苦春作，恐負本懷，故早起泛湖而穫，願從丈人終老也。（清邱嘉穗東山草堂陶詩箋卷三）

【析論】

淵明詩寫歸後農作之樂。詩分三段，前四、中十、後六。前段「貧居」二句謂貧居以農事爲生，故努力耕作於東林之旁。「不言」二句承上，謂不以春耕力作爲苦，常恐負己歸田之初衷。中段寫農村耕作遊處之樂。「司田」二句謂主田事者切望秋收，寄言與我合作收穫。二句與前戮力相應。「飢者」二句謂收穫後，長飢之人（陶公自謂）乃得初飽之歡，整齊衣裳等候雞鳴而出爲遊覽。陶公不願束帶見督郵，而願束帶候雞鳴，其厭吏職，樂躬耕之情可知矣。「楊檝」二句寫農暇時揚帆遊湖，船隨清壑廻遊。「鬱鬱」二句謂沉悶之荒山中，猿猴啼聲大且哀也。「悲風」二句謂寂靜之夜晚，悲涼之風更見淒厲。悲風點秋；歸林之鳥喜清晨之來也。後段「曰余」二句謂自余歸田來此，已有十二年矣。「姿年」二句承上，謂吾之姿容年歲雖且老邁，然吾稼穡之志却未從違。「遙謝」二句承上末云乖，謂遙告荷篠翁，今我且得從君棲止矣。意謂能得歸田之初衷。

淵明此詩無一字不怡然自得，襟期開朗，矯作不來，益見其人之高潔。

飲酒二十首 幷序

余閑君寡歡，兼比夜已長，偶有名酒，無夕不飲，顧影獨盡。忽焉復醉。既醉之後，輒題數句自娛，紙墨遂多。辭無詮次，聊命故人書之，以為歡笑爾。

其一

衰榮無定在，彼此更共之。邵生瓜田中，寧似東陵時。寒暑有代謝，人道每如茲。達人解其會，逝將不復疑。忽與一觴酒，日夕歡相持。

【校記】

△兼「比」 曾本云，一作秋。焦本作此。案，作秋義似較勝。作此，乃比之形誤。

△不「飲」 曾本云，一作傾。案，飲、傾義相近。

△「輒題」 輒，曾本云，一作與。題，藝文類聚作以。案，作與字義頗難通，作輒是。題較以字

勝。

△「歡」笑　藝文類聚作談。案，兩可。

△笑「爾」　和陶本作耳。案，爾、耳虛字通用。

△無定「在」　曾本、蘇寫本云，一作所。案，在、所義近。作在較勝。

△「代」謝　曾本云，一作換。案，代、換義同，作代音節較佳。

△解其「會」　曾本、蘇寫本云，一作趣。焦本云，一作趣，非。案，作會義較長。

△「歡相持」　和陶本作相歡持。曾本云，一作相遲，又作自持。案，相歡持不若歡相持。作遲乃持之音誤。作自非淵明之本，淵明最相得者惟酒耳，故曰相持。

【集評】

總評

晉人多言飲酒，有至沉醉者，此未必意眞在酒。蓋時方艱難，人各懼禍，惟託於醉，可以粗遠世故。（宋葉夢得石林詩話卷下）

譚元春曰：妙在題是飲酒，只當感遇詩、雜詩，所以爲遠。鍾伯敬曰：飲酒詩，如此寄托，如此含吐，酒豈易飲？飲酒豈易作詩？又曰：感遇實勝詠懷，飲酒詩則又非感遇諸詩所幾也，難與人言。（明鍾伯敬、譚元春評選古詩歸卷九）

公飲酒二十首中有似着題似不着題者，其着題者固自言其飲酒之適，其不着題者亦可想見其當筵高論、停杯浩歎之趣，無一非自道其本色語也。東坡有云：「作詩必此詩，定知非詩人。」豈此謂歟？（清邱嘉穗東山草堂陶詩箋卷三）

此二十首，當是晉、宋易代之際，借飲酒以寓言。驟讀之不覺，深求其意，莫不中有寄託。（清陶必銓萸江詩話）

分評

索解大悟之後，乃可以飲酒，說出酒人大來歷。胸中有疑，酒不許下咽矣！「忽」字、「將」字、「不復」字、「相持」字，皆別有光景。（明黃文煥陶詩析義卷三）

汪洪度曰：二十首總冒，却從達觀說起，可見非胸次豁達，不得輕言飲酒也。（清吳瞻泰輯陶詩彙註卷三引）

言不必攖情無常無定之衰榮，惟知其古今皆若此，故但飲酒可也。以衰爲主，以榮陪說，其理乃顯。起筆勢峥嶸飛動，後四句明明正說。昔人云：讀杜詩，當作一部小經書讀。余謂陶詩亦然。但何必云小也。（清方東樹昭昧詹言卷四）

【析論】

淵明飲酒詩非作於一時，然其所表現之意識境界則大致相同。考其詩意，二十首當作於彭澤歸田之後。

淵明此詩言不必攖情於無常之衰榮，且古今人事世變皆若此，故但飲酒可也。詩分兩段，前六後四。前段「衰榮」二句言衰榮無常。「邵生」二句承上意，以邵生事證之。「寒暑」二句再出以譬喻，以寒暑之代謝比人道之衰榮。一旨一事一譬，層次井然。後段「達人」二句一轉，謂達人（陶公自喻）初未嘗不爲衰榮所惑，今則理會窮達無常之理，不復疑惑不定矣。「忽與」二句又一轉，言既明窮達之理，則杜康爲知己耳。忽字好，不僅狀其速，亦有情不自禁之意。歡相持亦佳，陶公最相得者惟酒，故曰歡相持也。通篇識解與莊子讓王篇所云：「古之得道者，窮亦樂，通亦樂，所樂非窮通也。道得於此，則窮通爲寒暑風雨之序矣。」若合符節。或由歷練得來，未必全受莊子影響也。公誠所謂達人，亦莊子所謂得道者矣。

其二

積善云有報，夷叔在西山。善惡苟不應，何事空立言。九十行帶索，飢寒況當年。
不賴固窮節，百世當誰傳。

【校記】

△「在」西山　曾本云，一作飢。焦本云，一作飢，非。案，作飢較能說得夷叔本事，惟作在音節較佳。

△「空立」　曾本云，一作立空。案，空立言、立空言義近。惟淵明五言第三字喜用空字。如己酉歲九月九日：林園空自凋。有會而作：徒沒空自遺。

△「況」當年　曾本、蘇寫本云，一作抱。案，作況較佳。

【集評】

「積善云有報，夷叔在西山」，作一開，言天道若不可問。「善惡苟不應」二句，作一闔，又深於自信，故結言固窮百世可傳。夷、叔卽在西山，亦復何礙？天之報施，正不爽也；翻用太史公意。（清吳菘論陶）

「百世當誰傳」者，固窮節也。「百年不可顧」者，世間名也。百世、百年緊對，正見安身立命，莫如固窮，固窮所貴，莫如飲酒，原不爲成名也。（清吳瞻泰輯陶詩彙註卷三）

言不必計善惡之報爽，但以固窮守道爲正。求仁得仁，同一窮死，不如留名沒世。一起四語，偏反飛動。收二句，語勢尤勁折，無一平直淺滯順滑之筆。上言其爽而空言詰之，作波瀾以起下百世之傳，折出一榮公，文法變化如此。以福報則爽，以名報則應，文法變化。（清方東樹昭昧詹言卷四）

【析論】

淵明此詩言不必計善惡之報爽，貴在固窮守節，留名後世。詩分兩段：前四寫善惡之不報；後四借榮啓期事，謂士思傳世，當固窮節。前段「積善」二句謂夷、叔不恥周粟，竟餓死西山，孰謂積善必得福報？「善惡」二句承上，謂善惡之報若不爽，何事空言積善有報？四句極往復頓挫之妙。後段「九十」二句析出榮啓期，謂其年且九十，尚飢寒如昔，是亦積善不報者。「不賴」二句一轉，謂榮公若不賴固窮之節，百世之後，誰傳其名？語勢勁折。前言善行無報，後言固窮能傳，而福報則爽，名報則應之義暗藏其中矣。

淵明此詩前四作勢反起，後四收轉本意，文章波瀾，極盡變化。此首未及飲酒，然此亦飲酒二十首之變化，若首首皆言飲酒，則滯矣。

其三

道喪向千載，人人惜其情。有酒不肯飲，但顧世間名。所以貴我身，豈不在一生。一生能復幾，倏如流電驚。鼎鼎百年內，持此欲何成。

【校記】

△道「喪」　曾本、蘇寫本云，一作衰。案，喪、衰義近。惟衰恐是喪之形誤。

△「但顧」　但，和陶本作唯。曾本云，一作惟。顧，曾本云，一作願。案，但、唯義同，作願義亦可通，作顧較勝。

△「倏」如　和陶本作忽。案，作倏較勝。

△「倏如流電驚」　曾本、蘇寫本云，一作倏忽如沈星。案，作倏如流電驚較佳。鮑照擬行路難：

人生倏忽如絕電。

△「鼎鼎」　曾本云，一作訂訂。案，鼎鼎、訂訂，音近義通，有大盛義。

【集評】

此言大道久喪，情欲日滋，當世之人，不肯適性保眞，而徒戀惜世榮，殊不知一生之內，倏如電之過目，今乃舒緩怠惰，不自速悟，持此以往，欲何所成而垂名乎？蓋不特以之諷人，亦以自警焉爾。（元劉履選詩補註卷五）

上四句敍，下六句議。「所以」二字不作接上文之故字解，如古文中另起語「夫人所以」云云是也。（清邱嘉穗東山草堂陶詩箋卷三）

此首是何等見地！魏、晉、六朝人視易代如逆旅，而務弋世俗之浮名，不知類耳。「欲成」者，全節以合道也。言之無迹，所以超也。（清陶必銓萸江詩話）

【析論】

淵明此詩，言人不悟大道，爲俗名所拘，故不能以酒自樂，而適性保眞。然顧名貴身，正在此一生；而人生能幾？瞬時將過，惜之不及。故世情不足顧，任情飲酒可也。言外之意在全節合道乃能成名。詩分兩段，前四後六。前段「道喪」二句謂大道久喪，人人吝其情，不能任眞自得。「有酒」二句逆轉，謂人爲俗名所牽，不能見道忘名，致不解飮酒自適之趣。後段則發爲議論，言所貴於我者，乃在一生，而此生卻倏如流電，不能長久，儘多亦祇得百年耳。但顧此俗名，如何全節以合道？此段二句一轉，極爲曲折。結「持此欲何成」，此字卽指但顧世間名，與前段呼應。

淵明此詩一氣連貫，後六尤爲警策。

其四

栖栖失群鳥，日暮猶獨飛。徘徊無定止，夜夜聲轉悲。厲響思清遠，去來何所依。
因值孤生松，斂翮遥來歸。勁風無榮木，此蔭獨不衰。託身已得所，千載不相違。

【校記】

△「栖栖」　焦本作棲棲。北窗炙輠錄作淒淒。案，棲同栖，不安居貌。作淒淒非。

△「徘徊」　曾本、蘇寫本作裴回。案，裴回卽徘徊。

△「厲響思清遠，去來何所依」　遠，北窗炙輠錄引作越，注，顧刻作遠。李本、曾本、蘇寫本、和陶本、作厲響思清遠，去來何依依。曾本、蘇寫本注，一作厲響思清晨，遠去何所依。曾本又云，何所依又作求何依。焦本云，一作厲響思清遠，去來何依依，非。案，遠作晨，疑因清字聯想而誤。此二句句宜作厲響思清遠，去來何所依。下句與徘徊無定止相應。

△「因值」　因李本作自；值北窗炙輠錄作植。案，作因值是。

△「遥」來歸　曾本云，一作更，又作終。蘇寫本云，一作終。案，作遥較勝。

△「勁」風　曾本云，一作動。案，動乃勁之形誤。

△此「蔭」 蘇寫本作廕。案，蔭、廕通用。
△「獨」不衰 曾本云，一作交。案，交疑久之形誤。
△「不」相違 北窗炙輠錄作莫。曾本云，一作莫。案，不、莫義同。

【集評】

介特之節，凜然可見。（清陳祚明評選采菽堂古詩選卷十三）

此借失羣鳥以自況也。得失二字遙對，須知失處正是得。失羣時不可不飲酒，得所時尤不可不飲酒。（清吳瞻泰輯陶詩彙註卷三）

此首分兩半看。前六句未歸，後言卽得歸，卽今是昨非之意。「勁風」句，言天下皆亂無樂土，卽采薇歌意。收句要之以固守，永不更違，幾於右軍誓墓，所謂致虛極守靜篤。（清方東樹昭昧詹言卷四）

【析論】

淵明此詩以失群之鳥自比，寫其離群而歸園田，如鳥望孤松而斂翮，託身不相違也。詩分兩段，前六言未歸，後六言得歸。前段「栖栖」二句謂失群之鳥，栖栖遑遑，日暮不得其群，猶且獨飛。「徘徊」二句承上意，謂不得其群，徘徊不定。入夜以後，乃繼之以哀鳴。夜夜疊用，更顯淒涼。「厲響」二句承上聲轉悲來，謂厲響清遠，去來尋找，尚無所依靠也。後段一轉，言託身得歸，千載不違。「因值」二句謂孤生之松，正合歸依。以失群之鳥與孤生之松相對應，益顯其品格之高。

「勁風」二句承孤生松來，謂此不衰之蔭，乃其安身立命之處。「勁風無榮木」，乃喻天下皆亂無樂土也。「託身」二句作結，言得歸園田，正合其意，故千載不違。「得所」與前「失群」對應，而知失處卽是得處，通首全是比體，借物自況。或謂此詩乃譏殷景仁，顏延之附宋，似非正旨，淵明亦自寫其高致爾。

其五

結廬在人境，而無車馬喧。問君何能爾，心遠地自偏。採菊東籬下，悠然見南山。山氣日夕佳，飛鳥相與還。此中有真意，欲辨已忘言。

【校記】

△何「能」　曾本、蘇寫本云，一作爲。案，能、爲義同。

△「悠然」　曾本云，一作時時。案，作時時拙甚。

△「見」南山　文選作望，類聚同。曾本云，一作望。焦本云，一作望，非。案，當作見，東坡已辨之矣。

△山「氣」　北窗炙輠錄作色。案，作氣較勝。

△此「中」　李本、焦本作中。曾本作還，注云，一作中。和陶本作間。蘇寫本作中，注云，一作還。案，還當涉上還字而誤。中、間義同。

△「已」忘言　曾本、蘇寫本云，一作忽。案，作已義勝。

【集評】

「采菊東籬下，悠然見南山」，因採菊而見山，境與意會，此句最有妙處。近歲俗本皆作「望南山」，則此一篇神氣都索然矣。（宋蘇軾東坡題跋卷二題淵明飲酒詩後）

此心高曠，興會自眞，詩到佳處，只是語盡意不盡。若張無垢謂淵明畎畝不忘君之意，似以南山作比語，恐不然。（清蔣薰評陶淵明詩集卷三）

通章意在「心遠」二字，眞意在此，忘言亦在此。從古高人只是心無凝滯，空洞無涯，故所見高遠，非一切名象之可障隔，又豈俗物之可妄干。有時而當靜境，靜也，卽動境亦靜。境有異而心無異者，遠故也。心不滯物，在人境不虞其寂，逢車馬不覺其喧。籬有菊則采之，采過則已，吾心無菊。忽悠然而見南山，日夕而見山氣之佳，以悅鳥性，與之往還，山花人鳥，偶然相對，一片化機，天眞自具，既無名象，不落言詮，其誰辨之？（清王士禎古學千金譜）

此但書卽目卽事，而高致高懷可見。起四句言地非偏僻，而吾心既遠，則地隨之。境卽閒寂，景物復佳。然非心遠，則不能領其眞意味，既領於心而豈待言，所謂造適不及笑，獻笑不及言，有曾點之意。後六句卽心遠地偏之實事。（清方東樹昭昧詹言卷四）

【析論】

淵明此詩以心遠爲旨，寫其閒居自得之樂。詩分兩段，前四後六。前段言心遠地偏，故能結廬人間而無車馬之喧。起二句突兀，蓋結廬人境宜有車馬之喧，而竟無之，是以而字作轉語用，兩意抑揚相拗，便覺而字有力。三句設問，四句作答，謂心遠而地自偏之故也。蓋心境超遠，而地亦隨之。即入俗而超俗之境。以上四句寫內境。後段則言因心不滯物，得其靜趣，故能採菊東籬，悠然見山；並能賞日夕之佳氣，悅飛鳥之逸性，心神與之往還。置身此境，則山花人鳥，一齊俱化，但覺眞意無窮，而難言喧。「採菊東籬下，悠然見南山」二句，自來許爲千古名句。見或作望，東坡已斷其非。東坡題淵明飲酒詩後云：「因採菊而見山，境與意會，此句最有妙處。近歲俗本皆作望南山，則一篇神氣都索然矣。」晁補之申之曰：「本自採菊，無意望山，適舉首而見之，故悠然而忘情。」（雞肋集卷卅三，題陶淵明詩後）蓋見字無心得妙，極其自然，作望則有意，涉執著矣。「山氣」二句言採菊時方值日夕，山色殊佳，飛鳥相與還巢，此亦適見之景，與前見南山同，乃偶遇之趣。「此中」二句承上轉意，言此中眞意非言所能辯，收束得妙，道出人生悠然自得，渾然忘我之心境，深涉玄理。

此詩寫實，造語自然，一派渾淪元氣，意境自高。

其六

行止千萬端，誰知非與是。是非苟相形，雷同共譽毀。
三季多此事，達士似不爾。咄咄俗中愚，且當從黃綺。

【校記】

△達「士」 曾本云，一作人。案，士、人義同。唯作人音節較佳。

△俗中「愚」 李本、蘇寫本、和陶本作惡，曾本注，一作愚。焦本云，宋本作愚；一作惡，非。

案，作惡蓋愚之形誤。

【集評】

「雷同共譽毀」，括盡末世情態。是非皆不可知，如何如何！（明張自烈輯箋註陶淵明集卷三）

顛倒是非，自古皆然，惟求自知耳。吾當從黃、綺，心事畢現。（清張潮、卓爾堪、張師孔同閱曹陶謝三家詩·陶集卷三）

「行止千萬端」，行止卽出處也。「誰知非與是」，人不能審出處耳。「是非苟相形，雷同共譽毀」，不知是非，徒隨聲附和共毀譽耳。「三季多此事」，言三季以來皆如此；此事卽不知是非、雷同毀譽之事。此等皆咄咄可怪之俗人，若達士如黃、綺輩定不爾也。（清吳菘論陶）

【析論】

淵明此詩言超然於世俗之是非，自甘高隱。詩分兩段，四句一段。前段「行止」二句言出處不同，然人多不能審其是非。「是非」二句謂人多不知是非之相因，徒以異同共其毀譽耳。是非苟相形者，卽莊子齊物論所云：「彼出於是，是亦因彼。」雷同共譽毀，卽莊子寓言所云：「同於己爲是之，異於己爲非之」也。後段「三季」二句謂三代以來卽多此事，唯有達士爲能超乎是非，不隨俗譽毀，隱以自喻。「咄咄」二句驚嘆俗多不審是非，雷同譽毀之愚行，故當效黃綺之退隱，以超出是非之譽毀耳。蓋四皓處秦、漢易代之交，退隱商山；陶公處晉宋易代之交，退隱園田，其境遇相似，故以黃綺爲言。

其七

秋菊有佳色，裛露掇其英。汎此忘憂物，遠我遺世情。一觴雖獨進，杯盡壺自傾。
日入群動息，歸鳥趨林鳴。嘯傲東軒下，聊復得此生。

【校記】

△「秋」菊　曾本云，一作霜。案，作霜與下裛露不協。

△「汎」此　李本作況。各本作汎。案，作況誤。

△「遺」世　曾本云，一作達。藝文類聚作達。案，作遺較勝。歸去來辭：世與我而相遺。

△「雖」獨進　曾本云，一作聊。焦本云，一作聊，非。案，作聊與下聊複重，作雖較佳。

△「趨」林　和陶本作趣。案，趨、趣古字通用。

【集評】

靖節以無事自適爲得此生，則凡役於物者，非失此生耶？（宋蘇軾東坡題跋卷二陶淵明詩）

此章乃說到飲酒。山佳曰氣，菊佳曰色，可見天下有情，總歸氣色。帶露而掇菊英，可稱韻事。

酒可忘憂，況此而遺世情可也，乃並遺世情而遠之。太上忘情，情亦不設，一觴獨進，杯盡而壺自傾，因物付物，不假造作。因思人生所遇，不過喧寂二境：萬象不聞，喧中寂也；歸林鳥鳴，寂中喧也。我從此嘯歌寄傲東軒之下，娛情於喧寂之間，聊得此生已矣。彼役役於物者，皆失此生者耳。不欲酒得乎？（清王士禛古學千金譜）

秋菊之佳，愛菊者誰不知之，誰不慕之，惟此起五字渾成，却無人道得出。淵明可謂菊花知己。（清溫汝能纂集陶詩彙評卷三）

【析論】

淵明此詩寫菊酒陶情，嘯傲自得，東坡論之曰：「靖節以無事自適爲得此生，則凡役於物者，非失此生耶？」（東坡題跋卷二題陶淵明詩）詩分兩段，前四後六。前段「秋菊」二句謂賞晚芳之菊，掇裛露之英。此誠韵事，而淵明之身分自見，洗盡古今塵俗氣。「汎此」二句扣題，意承前來，謂既采菊花，復飲忘憂之酒，脫然忘去塵世一切，遂我遺世之情，其樂何可言宣！既曰忘憂，則必有憂，此憂不是世情，乃與民休戚相同之情。此憂無所解，故借酒解之。後段「一觴」二句承前二來，寫其飲酒自得，因物付物，不假造作。「日入」二句撇開飲酒而寫暮景。日入群動息，寫喧中寂；歸鳥趣林鳴，寫寂中喧，極見靜中動趣。「嘯傲」二句謂如此嘯歌寄傲於東軒之下，寄情於詩酒自然之間，聊得此生眞趣已矣。言外之意在東軒之下，頗有我寄傲之處，何必廊廟哉？

其八

青松在東園，衆草沒其姿。凝霜殄異類，卓然見高枝。連林人不覺，獨樹衆乃奇。
提壺挂寒柯，遠望時復爲。吾生夢幻間，何事紲塵羈。

【校記】

△「其」姿　其，李本作奇。曾本云，一作奇。案，作其是。作奇乃同音相混。

△「凝」霜　曾本、蘇寫本云，一作晨。和陶本作晨。案，作凝義長。

△「連」林　曾本、蘇寫本云，一作叢。案，連、叢義近。

△人不「覺」　和陶本作見。案，作覺較勝。

△衆乃「奇」　曾本、蘇寫本云，一作知。和陶本作寄。案，作奇義長。奇與獨相應。淵明喜用奇字，集中屢見不鮮，不具引。作寄恐與奇形近而誤。

△「挂」寒柯　李本、焦本、和陶本作挂。蘇寫本、曾本作桂。注，一作撫。案，作挂、撫義並可通。作桂乃與挂形近而誤。

△「時復爲」　曾本、蘇寫本云，一作復何爲。案，當作時復爲。遠望時復爲乃時復爲遠望之倒裝句。

△吾「生」　和陶本作年。案，作生是。

△夢幻「間」 和陶本作去。案，作間較佳。

△塵「羈」 曾本作羇。注，一作羈。蘇寫本作羇。案，羈、羇正、俗字。

【集評】

葉又生曰：「『獨樹衆乃奇』、『稟氣寡所諧』，淵明岸然自異，不同流俗；不如此不成淵明。」（明徐師曾詩體明辨卷一引）

此借孤松爲己寫照也。前六句皆咏孤松，偏以連林陪寫獨樹，加倍襯出，近挂又復遠望，與松親愛之甚，無復有塵事羈絆，此生亦不嫌其孤矣。（清吳瞻泰輯陶詩彙註卷三）

此篇語有奇氣，先生以青松自比，語語自負，語語自憐，蓋抱奇姿而終於隱遁，時爲之也，非飲酒誰能遣此哉！（清溫汝能纂集陶詩彙評卷三）

【析論】

淵明此詩以孤松喻己之孤高。詩分兩段，前六後四。前段寫青松後凋於歲寒，亦所以明己之志。「青松」二句謂東園衆草繁茂，致掩青松之勁姿。是以青松自喻，以小人比衆草。「凝霜」二句一轉，謂衆草皆爲寒霜所殺，衹青松卓然高舉。「連林」二句又一轉，謂連林之松，人不覺其奇，孤松獨立，衆乃奇之。是又以孤松自喻，意又進一層。此段二句一轉，極盡曲折之妙。後段言人生虛幻，不必爲世事所拘。「提壺」二句承前「獨樹衆乃奇」來，言飲酒於孤松下，挂壺於寒枝，並時復爲遠望，以賞孤松之姿。前句近賞，後句遠觀。「吾生」二句一轉，謂人生虛幻，何必爲塵俗所拘，如孤松之獨立可也。

此詩通篇除結二外，皆著力於松上，力寫松之孤高，使人感松中有我，我中有松，則己之孤高完全顯現。

其九

清晨聞叩門，倒裳往自開。問子為誰歟，田父有好懷。壺漿遠見候，疑我與時乖。
繿縷茅簷下，未足為高栖。一世皆尚同，願君汨其泥。深感父老言，稟氣寡所諧。
紆轡誠可學，違己詎非迷。且共歡此飲，吾駕不可回。

【校記】

△「往自」　和陶本作自往。

△誰「歟」　曾本、蘇寫本作與。案，歟、與通用。

△「繿」縷　和陶本作藍。案，繿縷、藍縷義同。

△「一」世　蘇寫本、和陶本作舉。曾本云，一作舉。案，作舉義同。

△「寡」所諧　曾本、蘇寫本云，一作少。案，寡、少義同。

△不可「回」　和陶本、蘇寫本作迴。案，回、迴通用。

【集評】

前皆言獨飲，此乃言共飲。杯可共，心不可同，則共之中仍獨矣。（明黃文煥陶詩析義卷三）

此田父大有遠識。「繿縷茅簷下」，何反不足爲高栖？將意又不特慕高栖者，已爲田父識耶？「稟氣」句截然，「吾駕」句尤截然。（清陳祚明評選采菽堂古詩選卷十三）

篇中不過設爲問答以見志耳，所云田父，正不必求其人以實之也。陳、蔣二評，未免稍涉粘着，縱卽有其人，然以不入耳之言來相勸勉，自不得不以峻詞拒之矣。（清溫汝能纂集陶詩彙評卷三）

【析論】

淵明此詩爲設問之體，借與田父之答問，以明己安貧苦節之心也。此詩似受屈原漁父篇之影響，田父淵明之答問，猶漁父屈原之答問也。詩分三段，前四，中六，後六。前段寫田父來訪，淵明往迎情狀。起句突兀，佳甚！三四先略作問答，以起下文。中段前二寫田父乘送壺漿之便，而發其與時乖違之疑問。後四卽田父之語，勸其與世浮沉，不必爲高栖受苦。末段寫淵明答語，以稟氣寡諧，不願爲出仕迷失本性，婉拒田父之請；並申其歸隱之決心。首二先致其感謝，卽述明稟氣寡諧，而以「紆轡誠可學」一開，「違己詎非迷」一闔；「且共歡此飲」一開，「吾駕不可回」又一闔，極開闔抑揚之致，所以明其志之不可回也。

淵明此詩爲設問之體，層層連接，一氣貫注，全用賦體。

其十

在昔曾遠遊，直至東海隅。道路迴且長，風波阻中塗。此行誰使然，似為飢所驅。傾身營一飽，少許便有餘。恐此非名計，息駕歸閑居。

【校記】

△「在」昔　和陶本作我。案，作在較佳。

△「阻」中塗　曾本、蘇寫本云，一作起。焦本云，一作起，非。案，作阻義更進一層。

【集評】

「此行誰使然？」問得冷，妙。「似爲飢所驅。」答得詼諧，却妙在一「似」字，若非己所得主者。末六句一句一轉，低徊欲絕。（清吳瞻泰輯陶詩彙註卷三）

知殆辱故知止足，恐墜固窮之節耳。（清孫人龍纂輯陶公詩評註初學讀本卷二）

賦歸而託言風波，則不僅爲折腰明矣。（清陶必銓萸江詩話）

言恐失固窮之名，直書胸臆，無一字客氣。（清方東樹昭昧詹言卷四）

【析論】

淵明此詩追憶昔日爲飢出仕，然恐損令名，故息駕歸隱。詩分兩段，前六後四。前段「在昔」四句謂昔曾遠至東海之隅，然此遊道路迴長，風波險惡，殊非如意。蓋以遠行比出仕；道路迴長，風波阻途比仕途之險惡。「此行」二句自問自答，謂此行誰爲致之？似爲飢所驅也。「此行誰使然」問得冷，「似爲飢者驅」答得詼諧無奈，並妙。「似」字若非所得自主者。後段「傾身」二句謂屈身以營一飽，實出無奈，吾固少許便足而有餘也。「恐此」二句總收，謂吾爲飢而仕，恐損令名，故翻然歸隱，閑居田園也。

其十一

顏生稱為仁，榮公言有道。屢空不獲年，長飢至於老。雖留身後名，一生亦枯槁。死去何所知，稱心固為好。客養千金軀，臨化消其寶。裸葬何必惡，人當解意表。

【校記】

△至「於」老　曾本、蘇寫本云，一作斍。和陶本、焦本作于。案，作於較勝。於同于。

△「死去」　和陶本作生死。案，作死去是。

△何「所」　和陶本作可。案，作可蓋涉上何字而誤。

△「客」養　曾本云，一作各，又作容。蘇寫本云，一作容。焦本云，一作各，非。案，作各蓋客之壞字。作容乃客之形誤。

△「臨」化　曾本、蘇寫本云，一作幻。案，作臨是。

△「消」其寶　和陶本作銷。案，消同銷。

△「臨化消其寶」　曾本云，一作臨死鎮眞寶。案，作臨化消其寶是。

△「意表」　意，李本、和陶本作其。意表，曾本作其表。注云，一作意表。蘇寫本云，一作其表。案，作意表是。

【集評】

顏、榮皆非希身後名者，正以自遂其志耳。保千金之軀者，亦終歸於盡，則裸葬亦未可非也。或曰，前八句言名不足賴，後四句言身不足惜，淵明解處，正在身名之外也。（宋湯漢註陶靖節先生詩卷三）

「稱心」一句反，「臨化」一句正，結語放而之達。意表之解，殊人所解，正使裸葬亦佳，夫稱心何足云也。（清陳祚明評選采菽堂古詩選卷十三）

起六句將枯槁與名並說足，以下解之雙承名亦不知，枯槁亦不知，但貴稱心耳。苟能稱心，即裸葬猶可，又何生前枯槁足恨？（清方東樹昭昧詹言卷四）

滿腹不平，敘來有溫厚平和之致。（日本近藤元粹訂陶淵明集卷三）

【析論】

淵明此詩感身後之名徒自苦，生前厚養不足恃，但求稱心爲好，自遂其志。詩分兩段，前八後四。前段又可分兩層說，首層舉事實，次層發議論。首段「顏生」二句謂孔子稱顏回爲仁，人說榮啓期爲有道，二公皆爲人所稱。三句承首句，謂顏回簞瓢屢空，而未能享天年。四句承次句，寫榮啓期年至九十，且飢寒過日，此爲一層。「雖留」二句承前層來，謂二公雖身後留名，然方其生時，亦枯槁極矣。「死去」二句一轉，謂二公非知身後必享盛名，所以枯槁一生者，乃在稱心所好，各遂其志，故甘之如飴，此又一層。後段「客養」二句謂所寶於人者，無過身軀，雖甘食玉漿，供養肥厚，然方其逝時，此寶終將化爲烏有，則所寶者終不可恃。此聯東坡許爲知道之言。「結二」承臨化消其寶來，謂若然，則裸葬厚槨將無殊，何必爲惡？人當解其意於庸見之表。亦歸結於身後之名不可知，身前厚養不可貴，唯有稱心爲好，各遂其志也。此詩結構，前言名，後言身，而置「稱心」主旨於中，如群山環拱主峯，格奇。

其十二

長公曾一仕，壯節忽失時。杜門不復出，終身與世辭。仲理歸大澤，高風始在茲。
一往便當已，何為復狐疑。去去當奚道，世俗久相欺。擺落悠悠談，請從余所之。

【校記】

△「杜」門　蘇寫本作松。曾本云，一作松。案，松乃杜之形誤。

△「始」在茲　焦本云，一作如，非。曾本、蘇寫本云，一作如。案，作始是。

【集評】

此又借古人仕而歸者，以解其辭彭澤而歸隱之本懷。（清邱嘉穗東山草堂陶詩箋卷三）

篇中引用二子（指張長公和楊仲理——作者），淵明蓋以自況，辭近牢騷。末數語頗有傲世之意。（清溫汝能纂集陶詩彙評卷三）

此言義不當復出，卻不明言所以不出，結語可思。世俗悠悠，非榮則利，岐路之惑，多由此也。（清陶必銓萸江詩話）

【析論】

淵明此詩以張摯、楊倫自況，以解歸隱初衷，並刺當世尚空談之風。詩分兩段，前六後四。前段「長公」四句謂張摯雖曾爲仕，然壯年即因不能取容當世而罷官，終身不仕。「仲理」二句謂楊倫以志乖於時去職，講授大澤中，其勁節高風皆如此。後段「一往」二句謂一仕無成，便當歸田，如何猶豫不定？「去去」二句承上二句來，謂世俗務爲相欺，空談不實，其來久矣，不復可爲，則我疾疾而去，尚復何言？去去疊用，有決絕之意。「擺落」二句承上世俗久相欺來，言我欲排棄無稽欺人之空談，從我心之所好。蓋謂世俗相欺，務爲空談，則我祇有效長公仲理，隱居弗仕。

其十三

有客常同止，趣舍邈異境。一士長獨醉，一夫終年醒。醒醉還相笑，發言各不領。
規規一何愚，兀傲差若穎。寄言酣中客，日沒燭當炳。

【校記】

△「趣舍」 李本作趨捨。曾本、蘇寫本、焦本作取捨。案，趣舍猶趨捨，並與取捨義近。

△異「境」 藝文類聚作景。案，作境是。

△「還相」笑 還蘇寫本作遞。曾本云，一作遞。相，藝文類聚作大。案，還、遞意同。相作大，非。

△發「言」 和陶本作語。案，言、語義同。

△「差若」 曾本云，一作嗟無。案，作差若是。

△「燭當炳」 曾本作獨何炳。注，一作當秉，又作燭當炳。蘇寫本作可炳。注，一作何炳。焦本云，宋本獨何炳，一作燭當秉，非。案，作燭當炳較佳。秉、炳正、假字。

【集評】

張睢陽有言，未識人倫，焉知天道。不明大義，則醒者何必愈於醉也。（清何焯義門讀書記・陶靖節詩）

陶公自以人醒我醉，正其熱心厭觀世事而然耳。要之，醒非眞醒而實愚，醉非眞醉而實穎。其箴砭世人處，却仍以詼諧出之，故不覺其言之激也。（清邱嘉穗東山草堂陶詩箋卷三）

二客皆非世中之人，而淵明尤以醉者爲得，誠見世事之不足問，不足校論，惟當以昏昏處之耳。此淵明因取捨之殊而託意於飲酒也。（清馬墣陶詩本義卷三）

【析論】

淵明此詩寫借飲酒以韜光，不與世浮沈也。詩分兩段，前六後四。前段以客取舍異境起興，引出後段巧營者愈愚，醉守者偏聽之理，而以長醉不醒爲結。前段「醉中」二句謂有客常同止息，其進退取舍之方則殊異。「一士」二句承上異境，謂一客常年獨醉，一客終年警醒也。「醒醉」二句又承上二，謂二客雖遞相爲笑，而所言各不領會，以其取舍不同之故。後段「規規」二句謂醒者規規與世討分曉，而常受其害，似穎實愚；醉者兀然聽之，則足以明哲保身，似愚而差可言穎。此二句或是淵明對事異代者之規勸。結二謂醉飲差若穎，則醉者當日沒繼之以夜，長醉不醒也。

淵明此詩前六舉事起興而入後四之論斷，吐屬溫雅蘊藉，氣象淵懿。

其十四

故人賞我趣，挈壺相與至。班荊坐松下，數斟已復醉。父老雜亂言，觴酌失行次。不覺知有我，安知物為貴。悠悠迷所留，酒中有深味。

【校記】

△「悠悠」 和陶本作咄咄。曾本、蘇寫本云，一作咄咄。案，作悠悠是。淵明與故人爲酒而留，悠悠正狀其迷於所留之久也。

△所「留」 曾本、蘇寫本云，一作之。案，作之義亦可通。之謂往也。

△「有深味」 和陶本作固多味。曾本、蘇寫本云，一作固多味。案，作有深味較自然。

【集評】

酒中深味，全在知己眞率，方信淳于一石，不及故人壺觴也。（清蔣薰評陶淵明詩集卷三）

「不覺」二句，超超名理。（清陳祚明評選采菽堂古詩選卷十三）

世人惟知有我，故不能忘物，物我之見存，則動多拘忌矣。淵明忘我更勝於齊物，其殆酒中之聖者歟！（清溫汝能纂集陶詩彙評卷三）

【析論】

淵明此詩就與故人松下飲酒，指出物我相忘之趣，兼爲世人迷戀世事致慨。詩分兩段，前六後四。前段寫與故人飲酒之樂。「故人」二句謂故人賞我嗜酒之趣，相與挈壺而至，就我以飲。「班荆」二句謂布荆坐松下而飲，數酌已入醉境。「父老」二句承上復醉來，寫既醉之狀。謂父老言語雜沓，飲酒已失其行次也。後段「不覺」二句謂醉酒則物我兩忘，無貴賤，無執迷矣。二句將酒中眞味透出。結二謂世事悠悠，迷者多所留戀，何以不知酒中深味，可以物我渾忘也。

其十五

貧居乏人工，灌木荒余宅。班班有翔鳥，寂寂無行跡。宇宙一何悠，人生少至百。
歲月相催逼，鬢髮早已白。若不委窮達，素抱深可惜。

【校記】

△「灌」木　曾本、蘇寫本云，一作卉。案，作卉字義較廣。

△「一何悠」　曾本、蘇寫本云，一作何悠悠。焦本作何悠悠，注，一作一何悠，非。案，一猶竟也，作一何悠較佳。

△「催逼」　曾本云，宋本作從過。蘇寫本云，一作從過。焦本作從過。注，宋本作從過，一作催逼，非。案，作催逼是。

△素「抱」　曾本云，一作懷。案，抱、懷義同。作抱音節較佳。

【集評】

時不我與，而老將至，不得展其素抱；知其無可奈何而安之於命也。（清邱嘉穗東山草堂陶詩箋卷三）

此前四句只作即事興體，與下不相貫。以後却從空曠中得悟本趣，言若不委窮達，則多憂懼，是擾其素抱爲無益鄙懷，豈不可惜？然後知其以一窮字綰起四句。灌木荒宅以下，是貧居景象。「宇宙」句放筆向空中接。（清方東樹昭昧詹言卷四）

【析論】

淵明此詩感人無常，當委順窮達，而自惜素抱也。詩分兩段，前四後六。前段寫境起興，寓窮字義。「貧居」二句謂貧困而居，無人力之助，任由灌木叢生其宅，致有荒蕪之感。「班班」二句承上荒字，謂此處祇有班班翔鳥，而卻少人跡往來。雖不言孤窮，而孤窮自見。後段大開陡轉，揭出惜其素抱之主旨。「宇宙」二句謂宇宙何其悠遠，而人却少能活至百年，對說益覺人生短促。「歲月」二句承上順寫，言歲月相逼，鬢角早白，已近遲暮之年。結二一轉，謂雖如此，如不能委順窮達，則質素之抱負，深爲可惜。言外之意則雖貧居年邁，而固窮之節，高潔之抱不移也。

其十六

少年罕人事，遊好在六經。行行向不惑，淹留遂無成。竟抱固窮節，飢寒飽所更。
弊廬交悲風，荒草沒前庭。披褐守長夜，晨鷄不肯鳴。孟公不在茲，終以翳吾情。

【校記】

△「遂」無成　曾本、蘇寫本作自，注，一作遂。焦本云，一作自，非。案，作遂較勝，遂猶竟也。

△「固窮」　曾本、和陶本、焦本作窮苦。曾本又云，一作固窮。案，作固窮是，淵明喜用固窮。如飲酒第二：不賴固窮節。有會而作：固窮夙所歸。詠貧士之七：誰云固窮難。

△「披」褐　和陶本作被。案，披、被古字通用。

△終「以」　曾本云，一作已。案，以、已古字通用。

【集評】

「游好在六經」，見淵明隱處有獲，非烟霞痼疾而已。遙想孟公，所謂同調之慨，知我希矣。

（明張自烈輯箋註陶淵明集卷三）

觀後篇，意多所恥，終歸田里，公年近四十而去官也。故云「向不惑」、「遂無成」。固窮是詩人本意。末思孟公，當爲冷落中之投轄人耳。（清蔣薰評陶淵明詩集卷三）

少年好經，晚年嗜酒，自有趣味，若今人一味嗜酒，自以爲達，非也。（清張潮、卓爾堪、張師孔同閱曹陶謝三家詩・陶集卷三）

【析論】

淵明此詩撫今追昔，而嘆知己之不存。詩分兩段，六句一段。前段「少年」二句謂年少鮮與世俗交往，志趣在於研習經書。「行行」二句一轉，謂時光推移，今已年近四十，志業停滯不前，無所成就。「竟抱」二句由無成落脈，謂終抱持固窮之節操，致飽嘗飢寒之苦。後段「弊廬」四句接寫而今生活之困狀。謂房舍破舊，悲風交加，而荒草蔓生，淹沒前庭。夜半寒冷，披衣起坐，長夜漫漫，晨雞遲遲不肯報曉。「披褐」二句或有傷時之意。結二寄慨，意謂無人識其固窮之節，故其用心不彰，良可悲也。

其十七

幽蘭生前庭，含薰待清風。清風脫然至，見別蕭艾中。
行行失故路，任道或能通。覺悟當念還，鳥盡廢良弓。

【校記】

△脫「然」　曾本、蘇寫本云，一作若。案，若、然義同。作然較自然。

△「失」故路　和陶本作矢。案，作矢非。

△「任道或能通」　曾本云，一作前道或能窮。案，作任道或能通義較長。

【集評】

蘭薰非清風不能別，賢者出處之致，亦待知者知耳。淵明在彭澤日，有「悵然慷慨，深愧平生」之語，所謂「失故路」也。惟其任道而不牽於俗，故卒能回車復路云耳。鳥盡弓藏，蓋借昔人去國之語，以喻己歸田之志。（宋湯漢註陶靖節先生詩卷三）

幽蘭不久開，清風不常吹，世人少覺悟，徒爲失路悲。（清蔣薰評陶淵明詩集卷三）

非經喪亂，君子之守不見，寓意甚深。覺悟念還，傅亮、謝晦輩不知也。（清陶必銓萸江詩話）

【析論】

淵明此詩寫迷途知返，以保其高潔。詩分兩段，四句一段，前段淵明以幽蘭自喻，以獨出衆表，喻其高致。「幽蘭」二句謂幽蘭生於前庭，含香以待清風之吹拂。「清風」二句承上，謂清風忽至，香氣愈著，所以見別於蕭艾，而更顯其高潔。後段由高潔跌落失路，轉出迷途知返之旨。首句謂行且失原來欲行之路，蓋淵明悔其出仕，致有是語。二句一轉，謂惟其任道而不牽於俗，或卒能回車復路。此謂拂衣歸田可以全其幽蘭之志。結二承上任道或能通句，謂若覺悟此理，則當思卽歸田園，否則高鳥盡，良弓藏，己身將不保，芳草亦將化爲蕭艾矣。淵明此詩，非僅爲劉裕之誅除異己而致諷，亦所以自警也。

淵明此詩前以幽蘭自比，後悟迷途違道不能成其幽蘭之志，故有歸興之意，是比而興之體，說得有情有品。

其十八

子雲性嗜酒，家貧無由得。時賴好事人，載醪祛所惑。觴來為之盡，是諮無不塞。有時不肯言，豈不在伐國。仁者用其心，何嘗失顯默。

【校記】

△是「諮」　曾本云，一作語。案，作諮義勝。諮與塞相應。

【集評】

此篇蓋託言子雲以自況，故以柳下惠事終之。（宋湯漢註陶靖節先生詩卷三）

以子雲問奇事作引起，忽及柳下惠不肯言伐國，章法甚幻，結以不失顯默，自道生平脚跟。（明黃文煥陶詩析義卷三）

篇中引子雲事，湯評云託以自況。以予觀之，不肯言伐國，淵明賢於子雲遠矣，豈可同日語哉！（清溫汝能纂集陶詩彙評卷三）

【析論】

淵明詩以揚雄，柳下惠自比，並明語、默之道。詩分兩段，前六後四。前段詠揚子雲。「子雲」二句謂揚雄性好飲酒，然以家貧，遂不得飲。「時賴」二句承上，謂雖家貧不得飲，然賴時有好事之人，贈以美酒，遂解其困。「觴來」二句承上載醪，謂既得酒矣，則爲之歡飲而盡。凡有所問，無不爲之盡言，使客皆滿意而去。後段詠柳下惠之不言，明其爲仁者之用心。「有時」二句謂亦有不肯言者，則豈非如柳下惠之不對伐國之問耶？結二承上，謂柳下惠之不答，乃以其仁者存心，何嘗失顯默之道哉！淵明守默，故遠慕柳下惠之不對伐國。

其十九

疇昔苦長飢，投耒去學仕。將養不得節，凍餒固纏己。是時向立年，志意多所恥。
遂盡介然分，終死歸田里。冉冉星氣流，亭亭復一紀。世路廓悠悠，楊朱所以止。
雖無揮金事，濁酒聊可恃。

【校記】

△「固」纏　曾本、蘇寫本云，一作故。案，固、故古字通用。

△「向」立　和陶本作而。案，作向是。淵明廿九歲始從政爲祭酒。

△「多所」　和陶本作尙多。案，兩可。作尙多意似較長。

△「終死」　焦本作拂衣。注，宋本拂衣，一作終死，非。曾本、蘇寫本云，一作拂衣。案，作終

死較勝。拂衣卽歸田義。

△楊「朱」　和陶本作歧。焦本云，一作生，非。案，作朱、生義同。作楊歧乃融化其事。

△「楊朱所以止」　蘇寫本云，一作楊歧何以止。曾本云，一作楊歧何以止，又作楊生所以止。案，作所以止是。

△「雖無揮金事」　文選注引作雖欲揮手歸。案，作雖無揮金事是。揮金事用疏廣事。

△「聊」可恃　和陶本作猶。案，作聊義長。

【集評】

彼捉而擲之者何人耶？欲隱彌彰。（清陳祚明評選采菽堂古詩選卷十三）

惟知恥方能盡分，語意決截。（清孫人龍纂輯陶公詩評註初學讀本卷二）

揮金用景陽句，正與飲酒相關。陳祚明評云「彼捉而擲之者何人耶」，以華歆事解之，誤矣。（清聞人倓古詩箋卷六）

【析論】

淵明詩憶昔年投耒，深愧平生，慨然知止，借酒以全其眞。詩分兩段，前八後六。前段敍昔日出仕歸隱之情景。「疇昔」二句謂往歲苦於長飢，故廢農而學仕。「將養」二句承前而意一轉，謂然以將養不得其方，依然凍餒纏身，未見改善。「是時」二句承上投耒句，謂方其初仕，年近三十，雖爲衣食而仕，然衷心頗以爲耻。「遂盡」二句承上，謂以如此存心，故出仕不久卽振衣而去，歸隱田里，以成就其孤介之節。後段寄慨，「冉冉」二句承前二，謂自歸隱後，日月荏苒，忽忽又已十二年之久。「世路」二句謂世路空曠長遠，中多歧路，故楊朱爲之止。意謂己亦願如楊朱之止也。結二謂己雖無資財以供衣食享樂，然濁酒即差可寄消遙物外之心矣。

其二十

羲農去我久，舉世少復真。汲汲魯中叟，彌縫使其淳。鳳鳥雖不至，禮樂暫得新。
洙泗輟微響，漂流逮狂秦。詩書復何罪，一朝成灰塵。區區諸老翁，為事誠殷勤。
如何絕世下，六籍無一親。終日馳車走，不見所問津。若復不快飲，空負頭上巾。
但恨多謬誤，君當恕罪人。

【校記】

△「汲汲」 曾本云，一作波波。案，作波波義不可解，波乃汲之誤形。
△暫「得」 曾本、蘇寫本云，一作時。案，得、時義並可通。作得義較長。
△「逮」狂秦 曾本云，一作待。案，待蓋音同而誤。
△「成」灰塵 和陶本作作。案，義並可通。
△所「問」津 曾本、蘇寫本云，一作憑。案，作問是。
△「但」恨 曾本云，一作所。案，作但是。

【集評】

陶詩云：「但恐多謬誤，君當恕醉人。」此未醉時說也，若已醉，何暇憂誤哉？然世人言醉時是醒時語，此最名言。（宋蘇軾東坡題跋卷二書淵明詩）

羅願曰：魏、晉諸人，祖莊生餘論，皆言淳漓朴散，繫周孔禮訓使然，孰知魯叟爲此將以淳之耶？淵明之志及此，則其處己審矣。（清陶澍集註靖節先生集卷三引）

沃儀仲曰：「舉世少復眞」，開口憤世，到末却又自恨多謬誤，我亦未能復眞也。以聖賢自勗自愧，此近裏着己之言，宋儒謂漢、魏以降無此人，信然。（同上卷三引）

公抱道統絕續之憂，而終以酒自解如此，可抵韓子答孟尙書書，而帶滑稽之趣。（清邱嘉穗東山草堂陶詩箋卷三）

【析論】

淵明此詩嘆聖人道衰，世人奔競不學，悵望千秋，唯有快飲而已。詩分四段，前六，次六，再次四，後四爲段。首段寫孔子彌縫世風，使歸淳樸。「羲農」二句謂神農，伏羲之世去我已久，而舉世已少質樸淳眞之風矣。「汲汲」二句謂至孔子乃汲汲其行，欲彌縫世風，使之反璞歸厚。「鳳鳥」二句承前，謂孔子雖非生於盛世，以其奔走彌縫，禮樂暫得一新。雖字暫字用筆妙。二段寫詩書遭秦厄，漢儒爲之恢復。「洙泗」二句謂自孔子歿，微言大義遽止，歲月如流，忽忽已至狂秦。漂流，洙泗相應，佳甚。「詩書」二句承上狂秦，謂詩書何罪，竟爲所焚。「區區」二句承上，謂逮至有漢，諸老儒拳拳爲事，傳授經籍，使被焚之詩書得復其舊。三段寫有漢以往，世人奔競，六籍無親。「如何」二句謂漢後遙遠之後世，世人不親六經。「終日」二句接續，謂世人但知汲營奔競，不見孔子之徒，不求治世之道。末段結以飲酒。「若復」二句謂世風如是，若不漉酒以快飲，恐負頭上儒巾。結二出以詼諧，言所恨者多有謬誤，君當恕醉人之醉語也。

淵明此詩嘆道統之不傳，而結之以飲酒。然淵明何嘗專寄沈湎，乃藉飲酒爲名，以道其生平梗概。淵明亦以承儒家之道自居者，眞西山謂淵明之學自經術中來，觀此詩可見。

止酒一首

居止次城邑，逍遙自閑止。坐止高蔭下，步止蓽門裡。好味止園葵，大歡止稚子。

平生不止酒，止酒情無喜。暮止不安寢，晨止不能起。日日欲止之，營衛止不理。

徒知止不樂，未信止利己。始覺止為善，今朝真止矣。從此一止去，將止扶桑涘。

清顔止宿容，奚止千萬祀。

【校記】

△「步」止　曾本、蘇寫本云，一作行。案，步、行義同。

△「大」歡　曾本、蘇寫本云，一作天。案，作大是。

△「情」無喜　曾本、蘇寫本云，一作懼。案，作情是。

△未「信」　各本作信。焦本注，一作知，非。案，作信是。

△宿「容」　曾本、蘇寫本云，一作客。案，作客形誤。

【集評】

錯落二十個「止」字，有奇致。然淵明會心在「止」字，如人私有所嗜，言之津津不置口也。「平生不止酒」一句尤寄，無往不止，所不止者獨酒耳。不止之止，寓意更恬，此當於言外得之。（明張自烈輯箋註陶淵明集卷三）

故作創體，不足法也。（清陳祚明評選采菽堂古詩選卷十三）

止酒詩是陶公戲筆句句牽扯一止字，未免入於纖瘦一派，後人不必效也。昌黎落齒詩，似倣此。（清邱嘉穗東山草堂陶詩箋卷三）

「止」之爲義甚大，人能隨遇而安，卽得所止。淵明能飲能止，非役於物，非知道者不能也。丹厓謂其乏酒，作游戲言，其視淵明固淺。陳祚明竟謂其故作創體，不足爲法，則尤苛論古人。不思淵明詩品純乎天趣，此等詩非淵明不能作，亦惟淵明始可作。後之學陶者，固不必學，亦不能學。區區以成法律古人，去之遠矣。（清溫汝能纂集陶詩彙評卷三）

【析論】

淵明此詩寫止酒，詩分三段，前六、中八、後六。前段寫其閒居之樂。「居止」二句謂居於城郊，徜徉自適，閒靜安止。「坐止」四句謂坐臥止於樹蔭之下；步行止於柴門之內；好味止於噉園葵；大歡止於戲稚子。四句見其恬淡寡欲。蓋「坐止高蔭，則廣廈華居何羨焉；步止蓽門，則朝市聲利，我何趨焉；好味止園葵，則五鼎方丈，我何欲焉；大歡止稚子，則燕歌趙舞，我何樂焉。」（胡仔苕溪漁隱叢話後集卷三語）四止皆止其所止矣。中段寫其不願止酒之故。「平生」二句謂平生不願止酒，止酒則於情無所喜。「暮止」二句承上意，謂暮止則晚不安寢，晨止則不能起。「日日」二句承上，謂日日欲止之，則血脈不暢通。「徒知」二句結上六，謂但知止酒情不樂，不信止酒可利己身。後段言止酒。「始覺」二句謂於今始覺止酒爲善，故今朝眞欲止矣。二句突兀，今朝句以文爲詩，質直可愛。「從此」二句承上一轉，謂從此止酒而去，將止於扶桑之涯矣。淵明蓋有超然遠引之意耶？「清顏」二句謂止酒而去，則清顏去其衰榮，何獨止於扶桑之涯，雖千萬年亦可也。讀山海經之五：「在世無所須，惟酒與長年。」此既言止酒，則所須者惟長年而已。末四句似言止酒可仙。

述酒一首

重離照南陸，鳴鳥聲相聞。秋草雖未黃，融風久已分。素礫皛修渚，南嶽無餘雲。
豫章抗高門，重華固靈墳。流淚抱中歎，傾耳聽司晨。神州獻嘉粟，四靈為我馴。
諸梁董師旅，芊勝喪其身。山陽歸下國，成名猶不勤。卜生善斯牧，安樂不為君。
平王去舊京，峽中納遺薰。雙陽甫云育，三趾顯奇文。王子愛清吹，日中翔河汾。
朱公練九齒，閑居離世紛。峨峨西嶺內，偃息常所親。天容自永固，彭殤非等倫。

【校記】

△「礫皛」　曾本云，宋本作襟輝。蘇寫本云，一作襟輝。案，作襟輝非。

△固「靈」墳　曾本、蘇寫本云，一作虛。案，作虛，似較勝。虛之俗書與靈形近。

△「嘉」粟　焦本作佳。

△「四靈」　曾本、蘇寫本云，一作雲，又作零。案，西靈當作四靈。靈、零，正、假字；雲，誤字。

△「芊」勝　李本、焦本作羊。曾本同，又注，一作芊。蘇寫本云，一作羊，非。案，作芊是。

△平「王」　李本云，從韓子蒼本作王，舊作生。曾本、蘇寫本作生。案，作王是。

△雙「陽」　各本作陵。曾本、蘇寫本云，一作陽。案，作陽，義較舊說妥切，雙陽猶重日，於字爲昌，喻孝武帝。

△「日」中　曾本云，一作星。案，作日是，日中喻典午。

△「西嶺」　曾本、蘇寫本云，一作四顧。案，作四顧乃形誤。

△「常」所親　蘇寫本作得。曾本云，一作得。案，常、得兩可。作得義似較長。

△天「容」　曾本云，一作客。案，作客乃形誤。

【集評】

按晉元熙二年六月，劉裕廢恭帝爲零陵王。明年以毒酒一甖授張褘，使酖王，褘自飲而卒。繼又令兵人踰垣進藥，王不肯飲，遂掩殺之。此詩所爲作，故以述酒名篇也。詩辭盡隱語，故觀者弗省，獨韓子蒼以「山陽下國」一語疑是義熙後有感而賦。予反覆詳考，而後知決爲零陵哀詩也。因疏其可曉者，以發此老未白之忠憤。昔蘇子瞻述史九章曰「去之五百歲，吾猶見其人」也，豈虛言哉！

「儀狄。杜康」乃自注，故爲疑詞耳。（宋湯漢註陶靖節先生詩卷三）

述酒一章，湯氏漢謂晉恭帝哀詞，是也。劉裕受禪，使張褘以毒酒酖帝，褘自飲而卒，乃令兵人踰垣進藥，帝不肯飲，遂遇害。故哀詩託名述酒也。重離繼照，興南渡之再造；鳴鳥相聞，喻羣彥之維持。餘閏未終，淳風久散，蹔至水涸石出，素礫顯於長江，運盡氣熸，餘雲掃於南嶽矣！裕始封豫章郡公，恭帝廢封零陵王，故以九疑之墓，喻禪位野死也。西靈，西王母也。穆天子傳：「曹奴之人，獻稿米百車。」又云：「天子取嘉禾以歸。」言此皆盛世荒服來賓之事，固不可得見矣。

次則中興之世，如白公勝謀簒，而葉公諸粱倡義旅而討之，今亦不可見矣。又下之則漢帝禪位爲山陽公，而猶獲壽終，不至汲吸翦除，而今幷不可得。至以萬乘求爲匹夫不得，此牧羊之人所以不願爲君也。「平王去舊京」以下，又追述裕得關中舊京之地，旋棄與熏獯之胡虜者，蓋欲亟歸謀簒故也。峽通作陝，謂關中陝以西之地。雙陵卽崤函二陵也。三趾者，魏都賦：「莫莫黑匪烏，三趾而來儀。」注引「漢獻帝延康元年，三足烏見於郡國，爲明年魏受禪之符」。劉裕受禪時，太史駱達亦陳天文符瑞數十事也。「王子愛清吹」以下，言昔人棄富貴，求出世，卽願世世勿生天王家之意也。「天容」，謂天老及容成子，皆黃帝時人。陳祚明謂此詩作離騷、天問讀，不必求解，豈非未逆其志歟？（清陳沆詩比興箋卷二）

題名述酒而絕不言酒，蓋古人借以寄慨，不欲明言，故詩句與題義兩不相蒙者往往有之。陳祚明謂作離騷、天問讀，不必着解，得之矣。蔣丹厓謂是飲酒時述往事，故以述酒名篇，亦屬過泥。（清溫汝能纂集陶詩彙評卷三）

【析論】

此詩乃一首述亡國之詩，專斥劉裕哀零陵王耳。重離句寓東晉孝武帝在位。鳥鳴句謂賢者逐漸減少，秋草二句言晉室南渡，國雖未末，而勢之分崩久矣。素礫二句喻桓玄得勢，王氣盡矣。豫章二句隱言劉裕干天位而恭帝埋閉於空墳也。流淚二句寫己流淚抱歎，夜耿耿而達曙也。神州二句言裕假符瑞以姦大位。諸粱二句借葉公誅芊勝事，慨歎當時無人誅弒君簒國之劉裕。山陽二句借漢獻帝降爲山陽公猶得善終事，哀恭帝廢爲零陵王而被弒。卜生二句喩零陵王雖爲君而無爲君之道也。平生二句謂元帝南宅江左，中原淪於胡羯也。雙陽二句謂孝武帝初生，而晉祚終盡之兆已顯。王子二句謂遭此亂世，或效王子晉學仙高逝也。朱公二句謂或學朱公閒居養生也。結四謂恭帝安息得所，而以天容永固，彭殤非倫贊其君。

責子一首

白髮被兩鬢，肌膚不復實。雖有五男兒，總不好紙筆。阿舒已二八，懶惰故無匹。
阿宣行志學，而不愛文術。雍端年十三，不識六與七。通子垂九齡，但覓梨與栗。
天運苟如此，且進杯中物。

【校記】

△責子　李本、曾本、蘇寫本題下有注云，舒儼、宣俟、雍份、端佚、通佟、凡五人，舒、宣、雍、端、通，皆小名也。又曾本注，俟，一作俣。佟，一作俗。蘇寫本云，俟，一作俣。

△「二八」　曾本云，一作十六。

△懶「惰」　曾本云，一作放。案，作惰、放，義同，作放似較佳。

△「故」無匹　曾本云，一作固。案，故、固古通。

△「九」齡　曾本云，一作六。

△但「覓」　蘇寫本作念。注，一作覓。曾本云，宋本作念。案，作覓、念，兩可。

【集評】

觀淵明之詩，想見其人豈弟慈祥，戲謔可觀也。俗人便謂淵明諸子皆不肖，而淵明愁歎見於詩，可謂癡人前不得說夢也。（宋黃庭堅豫章黃先生文集卷二十六書淵明責子詩後）

命子詩既明勉以世德，與儼等疏臨終告以和好，此則方其少時，都未成人，而直責之當在最先。陶公教誨式穀之道至矣。若其子之果終於不肖與否，則天也。杜子美嘲公此詩云：「有子賢與愚，何其掛懷抱！」然必有父作子述，而後文王無憂。子之賢與愚，雖聖人亦不得不掛懷抱也。公命子詩云：「厲夜生子，遽而求火；凡百有心，奚特於我！既見其生，實欲其可。人亦有言，斯情無假。」以此言之，雖掛懷抱，何病焉。況其結語優游任運，亦未嘗沾沾掛懷抱也。蕭統序之曰：「論懷抱，則曠而且眞。」豈虛語哉！（清邱嘉穗東山草堂陶詩箋卷三）

淵明諸子，使皆知學，其父者何必戲謔乃爾。以命子詩意參之，父之於子眞有無可如何者。山谷之評，未免強作解人。老年人望子尤切，起語情眞。（清溫汝能纂集陶詩彙評卷三）

【析論】

陶公此詩責子不學，而委諸天運。

前四以己之年老形衰，多兒不肖領下諸子作爲。中八承上不好紙筆，各與品評，點次生動。結二以委運飲酒作收。

責子繼志成善，乃人之常情。陶公此詩，活將一白髮老翁，諸子不肖，著不得力，無可奈何之狀，表露無餘。

有會而作一首

舊穀既沒，新穀未登，頗為老農，而值年災，日月尚悠，為患未已。登歲之功，既不可希，朝夕所資，煙火裁通。旬日已來，始念飢乏，歲云夕矣，慨然永懷，今我不述，後生何聞哉！

弱年逢家乏，老至更長飢。菽麥實所羨，孰敢慕甘肥。惄如亞九飯，當暑厭寒衣。
歲月將欲暮，如何辛苦悲。常善粥者心，深恨蒙袂非。嗟來何足吝，徒沒空自遺。
斯濫豈攸志，固窮夙所歸。餒也已矣夫，在昔余多師。

【校記】

△「始」念　曾本云，一作日。案，或涉上句日字而誤。

△亞九　曾本、蘇寫本云，一作惡無。案，本當作無惡，倒誤爲惡無，又誤爲亞九耳。無，古或寫无，與九字形近而訛。

△「辛苦」悲　曾本、蘇寫本云，一作足新。案，兩可。

△深「恨」　各本作恨，曾本云，一作念。案，恨、念兩可。

△豈「攸」，各本作彼，又曾本，蘇寫本云，一作攸。案，攸與下句所字互用，較佳。

【集評】

鍾伯敬曰：妙在有會而作，命題曠遠，而序與詩，句句是飢寒衣食之言，眞曠遠在此。（明鍾伯敬、譚元春評選古詩歸卷九。）

序落落有遠致。

「惄如亞九飯」，言無過求也，得飽便足。

平居以恨蒙袂之子，以爲太激，然彼固有志也。昔人類然，不經求飽，已矣，復何所悔。

琢句於拙中到老，惟句句用意轉宕，故曲而不直，無淺率之 。（清陳祚明評選采菽堂古詩選卷十三）

後半言蒙袂揚目者誠過，然斯濫可戒，當以固窮爲師也。（清何焯義門讀書記·陶靖節詩）

「常善粥者心」二句，提筆作翻案，謂不食嗟來似亦太過。「斯濫」二句，又歸正意，謂固窮之志不容假借，則昔人不食嗟來，眞余師也。一開一闔，抑揚頓挫，如聞秋歎之聲。（清吳瞻泰輯正言菽粟不足，卻以甘肥爲襯，則意深而曲，有味矣。「常善」四句與謝公「平生疑若人」四句同本。言己慕此人，卻反言以非之，則局勢曲而變化矣。「斯濫」二句解上文，言彼寧死不能濫，則余今日亦止有固窮甘餒而死，正以師昔人也。讀此乃見用筆之變，用意之深曲，文法妙不測。後人學陶，意腐語直，勢平筆鈍，安能夢見！（清方東樹昭昧詹言卷四）

【析論】

此詩寫陶公感歲末衣食之拮据，而致其固窮之節也。首二以老至長飢提起，下六正叙飢。菽麥、孰敢二句對言，便覺無限淒涼。惄如二句接寫衣食之缺，飢寒之切。落到歲暮辛苦作一小結。後八述己甘心窮餒。突接餓者却粥事，以恨其不食徒沒作開，以原其羞濫固窮作合，然後拍到己之甘餒有師收住。常善四句是虛，斯濫四句是實。是運實於虛之法。

此詩前八述飢寒，常善四句陡轉，中「嗟來不吝，徒沒自遺」之意，頗有誤入歧途之嫌。斯濫四句收到固窮勸住，憂疑頓釋，凡三轉折。而題中有會二字，序中不述不聞二語，乃皆有著落。

蜡日一首

風雪送餘運，無妨時已和。梅柳夾門植，一條有佳花。我唱爾言得，酒中適何多。
未能明多少，章山有奇歌。

【校記】

△佳「花」　曾本云，一作葩。案，葩、花古今字。

△未「能」　曾本云，一作知。案，當作何。明、知義重。

【集評】

風雪與時和，固不相妨。不遂氂媛，無妨歌飲為樂。（清陳祚明評選采菽堂古詩選卷十三）

陶靖節詩，大率和平沖淡，無艱深難讀者，惟述酒一篇，從來多不得其解。或疑有舛譌。至宋韓子蒼，始決為哀零陵王而作，以時不可顯言，故多為廋辭隱語以亂之。湯文清漢復推究而細繹之，陶公之隱衷，始曉然表白於世。其蜡日詩，舊亦編次述酒之後，而文清未注。予細讀之，蓋猶之乎述酒意也。爰為補釋於左，俟考古者論定焉。「風雪送餘運，無妨時已和。」此感蜡為歲之終，喻典午運已告訖，而宋祚方隆，臣民已多附從，不必更滋防忌，故曰無妨也。「梅柳夾門植，一條有佳花。」梅喻君子，柳比小人。夾門植謂參錯朝寧。君子不能厲冰霜之操，小人則但知趨炎附時，望風而靡。「一條有佳花」，有者猶言無有乎爾。「我唱爾言得，酒中適何多！」裕以毒酒一甖命張禕鴆帝，禕自飲之而卒；又命兵進藥而害之。下句言酒中之陰計何多耶。「我唱爾言得」，謂裕倡其謀，而附姦黨惡者衆也。「未能明多少，章山有奇歌。」山海經：「鮮山又東三十里，有章山。」地理志章山在江夏竟陵縣東北，古文以爲內方山。按竟陵、零陵皆楚地，故假竟陵之山以寓意，猶述酒詩之用舜冢事也。淵明爲桓公曾孫，昔侃鎮荊楚，屢平寇難，勳在社稷。「未能明多少」，謂若曹勿謂陰計之多，以時無英雄耳，使我祖若在，豈遂致神州陸沈乎！「有奇歌」，蓋欲效採薇之意也。（清吳騫拜經樓詩話卷三）

通篇俱不着題，後四語未詳其義。（清邱嘉穗東山草堂詩箋卷三）

「一條」句亦佳，與秋菊色另一佳致。（清溫汝能纂集陶詩彙評卷三）

【析論】

此詩自來多以爲義不可解，或拘於時事，隨意比附。實則此詩亦陶公歲暮感懷言志之作。起二點題，三四應前和字，寫梅柳夾植，梅花著枝之景，暗喻歌飲之人，已最特出。五六寫詩酒相得之樂。結二借商山四皓紫芝歌，以明己高隱之志。二句應前我唱爾言得句。

案紫芝歌（樂府詩集作採芝操，亦謂之四皓歌）：

皓天嗟嗟，深谷逶迤。樹木莫莫，高山崔嵬。巖居穴處，以爲幄茵。

曄曄紫芝，可以療飢。唐虞往矣，吾當安歸。

擬古九首

其一

榮榮窗下蘭，密密堂前柳。初與君別時，不謂行當久。出門萬里客，中道逢嘉友。
未言心相醉，不在接杯酒。蘭枯柳亦衰，遂令此言負。多謝諸少年，相知不忠厚。
意氣傾人命，離隔復何有。

【校記】

△「窗下」 曾本云，一作後窗。案，作窗下是。窗下與下堂前相對。

△相「醉」 曾本云，一作解。案，心醉成語，以心相醉爲是。莊子應帝王：鄭有神巫曰季咸，列子見之而心醉。此引同見於列子黃帝篇。

△蘭「枯」 曾本云，一作空。案，當作枯。蘭枯柳衰形空久別也。

△「遂令此言負」 曾本、蘇寫本云，一作時沒身還朽。焦本云，一作時沒身還朽，非。案，作遂令此言負是。

△「忠」厚 李本、焦本作忠。曾本作中，注云，一作相，又作在。蘇寫本作中，注云，一作相厚。焦本作中，注云，一作相，非。和陶本作在，注云，一作中。案，作相，涉上相知而誤。作在非。

中厚，厚於中之義，義可通。忠厚成語，宜作忠厚。

【集評】

擬古九首大抵遭逢易代，感世事之多變，歎交情之不終，撫時度勢，實所難言，追惜傷今，惟發諸慨，在陶集中，意義固甚明者，諸家有疑其中不可解，或且別爲之說，務爲穿鑿以求，其失愈遠矣。（清溫汝能纂集陶詩彙評卷四）

「君」字泛指，不必泥晉君，此歎中道改節之人，徒矜意氣，反覆不常也。用蘭柳比興，斷續承接，的是十九首法脉。「意氣」下接「傾人命」三字，可畏，說盡古今翻雲覆雨一流，使人氣短。（清吳瞻泰輯陶詩彙註卷四）

篇中重嘉友，責少年，極盡抑揚之致，意中必有所指。蓋交友之道，特患不以忠厚爲懷，苟其始終如一，則生死不渝，寧有負心之事哉！忠厚二字可爲結交標準。（清溫汝能纂集陶詩彙評卷四）

蘭柳柔弱之質，以比晉主及忠於晉室諸人。「諸少年」，則附宋者。初與蘭柳別，謂出仕外郡。「嘉友」，指宋公。「多謝」二句，正意。末二句，代諸少年作答詞也，言宋公相厚，視去晉如脫屣耳。（清吳汝論評選古詩鈔）

【析論】

淵明此詩嘆交道衰薄，友不足賴。詩分三段，前四、中六、後四。前段柳蘭起興。引出離別。首二句謂牕下之蘭，堂前之柳皆極茂盛，此寫離別所見庭前景物。言蘭，取其貞芳；言柳，有惜別之意。「初與」二句謂與君初別之時，不謂君當久行不歸也。次段寫行人居者之乖。「出門」二句謂行者遠遊異鄉，中途結交好友。「未言」二句承上逢嘉友，謂不須杯酒交歡，即一見傾心，意氣相投。二句有諷結交輕率之意。「蘭枯」二句承上一轉，謂枯蘭柳衰，時光流逝，行人又以新交而忘舊約。末段詠歎。「多謝」二句謂告爾諸少年，未言先醉，忘却舊約，如此相交，存心乃不忠厚。結二謂如此相交，雖可意氣相傾，不惜性命；然一旦分離，則復何情意之有？意謂忠厚不如此也。

淵明此詩似爲友朋之仕宋者而發。傷時托諷，故以比興爲之。抑揚之際，無限幽懷。

其二

辭家夙嚴駕，當往志無終。問君今何行，非商復非戎。聞有田子春，節義為士雄。
斯人久已死，鄉里習其風。生有高世名，既沒傳無窮。不學狂馳子，直在百年中。

【校記】

△「志」無終　蘇寫本作至。曾本云，一作至。案，至、志古通，王叔岷先生有說。（見陶淵明詩箋證稿）

△非「戎」　李本作戒。案，作戒非。

△田子「春」　各本作春。曾本又云，一作泰。案，魏志卷十一：田疇，字子泰。而後漢書劉虞傳注引魏志：田疇，字子春。是唐李賢所見魏志，泰尚作春。依古人名字義有關聯之通例，田疇之

耕，其在春日，以作春是。作泰恐是形近相亂。

△「狂」馳 曾本、蘇寫本云，一作驅。焦本云，一作驅，非。案，作狂是。作驅蓋因馳字聯想而誤。

【集評】

狂馳而弗顧節義，縱得意驕人，亦不過壽止百年，名與身俱沒矣。語最冷毒，罵盡事二姓人，至死不悟。田疇爲無終人，未說破其名姓，而先擧其地，地以人重，急拈突數，筆意最工。「當」字「志」字，選擇斟酌，世界雖大，他無可往，只此一處耳。「鄉里習其風」，冀有繼起之人，可以與我同心，憤甚熱甚，悼晉之懷，千盤百結，却只以引援故實藏之。……晉主被廢，有一人能爲田疇者乎？此詩當屬劉裕初廢晉帝爲零陵王所作。蓋當時裕以兵守之，行在消息，總無能知生死何若，故元亮寄慨於子春也。（明黃文煥陶詩析義卷四）

此首似劉裕初廢恭帝而作，故寄想於田疇，無限感慨，只從典故出之。（清馬璞陶詩本義卷四）

此只詠田子春耳。起四句故爲曲折，收句結出託意。（清方東樹昭昧詹言卷四）

【析論】

淵明此詩託言訪田子春故鄉，示仰慕義士高風，並刺當世汲營奔競之人。詩分兩段，前四後八。前段首二句謂早起急駕車辭家而往至無終。「問君」二句設爲問答之辭。問以何爲而至無終，則答曰非爲經商，亦非從戎。後段承前之問答，「聞有」二句謂聞有田子春者，重節義，爲士之雄。「

斯人」二句承上，謂田子雖已死去，其鄉里之人仍習其遺風。「生有」以下四句爲淵明之論斷。「生有」二句謂田子生前有高名，旣沒，其名聲仍留傳無窮。「不學」二句陡轉托意，謂不學逐利求榮之人，其榮耀僅及其身，死後卽無聞焉。

淵明此詩似本孔子「疾沒世而名不稱」之意，故於田子春致仰慕之意，兼刺當時不顧身後名者。詩先擧其地，故爲曲折，而於結二托意，筆意最工。

其三

仲春遘時雨，始雷發東隅。衆蟄各潛駭，草木從横舒。翩翩新來燕，雙雙入我廬。先巢故尚在，相將還舊居。自從分別來，門庭日荒蕪。我心固匪石，君情定何如。

【校記】

△「發」東隅　歲華紀麗作鳴。案，作發是。

△從「横」舒　曾本云，一作此，一作是。蘇寫本云，一作此。和陶本云，一作是。焦本云，一作此，非。案，作横是。從横卽縱横。

【集評】

問燕奇，更革之慘，入舊巢者正不可不知耳。無人可語，但語以燕。

始雷發而衆蟄各潛駭，天地更變，說得可懼。先巢在而新燕還舊居，物情貞一，說得可愛。再拈荒蕪之感作一噴起，燕雖已來，情尙未可知，況飛入他家者哉！所自明者，僅我之自心耳，說得世界竟無一堪信，淒危欲絕。（明黃文煥陶詩析義卷四）

自劉裕篡晉，天下靡然從之，如衆蟄草木之赴雷雨，而陶公獨惓惓晉室，如新燕之戀舊巢，雖門庭荒蕪，而此心不可轉也。末四句亦作燕語方有味，通首純是比體。（清邱嘉穗東山草堂陶詩箋卷四）

洪度曰：「仲春」四句，略帶改革意。篇中俱借燕傳心，只「我心」一句露出本懷。

瞻泰按：還舊居者，止有燕可語。「君情何如？」亦是問燕，絕無一字寄慨新巢，使人澹然意遠。（清吳瞻泰輯陶詩彙註卷四引）

因新感舊，讀之令人慨然。「衆蟄」二句警妙。結語問燕，別有深致。（清溫汝能纂集陶詩彙評卷四）

【析論】

淵明此詩借燕之戀舊居，以明己之不願事新朝也。詩分兩段，前四後八。前段由時興起，引出後段春燕之來歸。「仲春」二句謂仲春二月，春雨降臨，春雷始發。東隅之東有春意，東君即爲司春之神。「衆蟄」二句謂蟄伏地下之動物，受雷震而潛自起動；草木萌芽，枝葉縱橫伸展。後段「翩翩」二句謂新來之燕，翩翩起舞，雙雙入我屋裡。「先巢」二句承上，謂故巢固尙存在，乃相偕還此舊居。「自從」四句設爲問燕之語，謂自往歲分別，門庭日益荒蕪，我隱居之信念仍堅定不移。

然不知君之心情究何如？末四如作燕語，亦甚有味。

其四

迢迢百尺樓，分明望四荒。暮作歸雲宅，朝為飛鳥堂。山河滿目中，平原獨茫茫。古時功名士，慷慨爭此場。一旦百歲後，相與還北邙。松柏為人伐，高墳互低昂。頹基無遺主，遊魂在何方。榮華誠足貴，亦復可憐傷。

【校記】

△「獨」茫茫　焦本作轉。曾本云，一作轉。案，作獨義勝。獨猶何也。

△「互」低昂　和陶本作牙。案，牙乃㸦之誤形。㸦即互字。

【集評】

起二句從高視下，有鄙夷一切之意。下俱承「望」字來，宅但有雲，堂但有鳥，一望空無人焉。寫得榮華全無把握，一任朝更暮改，憐傷孰甚哉。二語耐人百思。（清吳瞻泰輯陶詩彙註卷四）

詩意即所謂貴賤同歸土一邱也，然獨悲愴淋漓，令人不忍卒讀。（清溫汝能纂集陶詩彙評卷四）

慷慨而爭，同歸於盡，後之視今將亦猶今之視昔耳。哀司馬即是哀劉裕，意在言外，當善會之。（清陶澍集註靖節先生集卷四）

陶詩多幽微澹遠，此獨極雄駿蒼涼。（吳闓生評選古今體詩約選選一）

【析論】

淵明此詩寫登廢樓遠望，而傷榮華不久。詩分兩段，八句一段。前段寫登樓遠望。首二句謂登此高樓，放眼四方，景物爲之分明。「暮作」二句承上百尺樓，寫樓之荒廢。謂夜暮雲聚於此，早晨則爲飛鳥群集之所。「山河」二句寫樓上遠眺，但見山河盡入目中，平原一望無際。「古時」二句承上所述山河平原，謂自古有志功名之士，皆慷慨激昂，爭此天下。後段承上，而嘆榮華之不久。「一旦」二句謂凡此功名之士，身歿之後終不免歸葬於北邙山。「松柏」二句謂日久則墓旁松柏爲人砍伐，新墳又添，墳墓更顯高低不平。「頹基」二句謂頹敗之墓基並無死者後裔前來經營，而死者遊魂亦不知歸於何處。意謂死者生前雖求榮華富貴，死後卻一無所得，即墳地亦不保。結二承上六，謂榮華固值珍貴，然死後空無所有，所爭彌足傷悲。

淵明此詩，從「望」字看出榮華無常，末一句點醒，耐人咀嚼。

其五

東方有一士，被服常不完。三旬九遇食，十年著一冠。辛苦無此比，常有好容顏。
我欲觀其人，晨去越河關。青松夾路生，白雲宿簷端。知我故來意，取琴為我彈。
上絃驚別鶴，下絃操孤鸞。願留就君住，從今至歲寒。

【校記】

△「遇」食　曾本云，一作過。案，過乃遇之形誤。
△辛「苦」　曾本、焦本作勤。曾本又云，一作苦。案，辛苦、辛勤義近。
△故來「意」　曾本云，一作時。案，時當來字之異文。
△「爲」我彈　曾本云，一作與。案，爲、與義同。

【集評】

此公自擬其平生固窮守節之意，而託言欲觀其人，願留就在耳。（清邱嘉穗東山草堂陶詩箋卷四）

汪洪度曰：此與從田子春游意略同，只別鶴孤鸞，聊寓本懷，乃惜古貞婦以喻己志之不移也。（清吳瞻泰輯陶詩彙註卷四引）

結構規恢，眞大作手，令人讀之，不辨其爲陶詩矣！（清王夫之古詩評選卷四）

【析論】

淵明詩以東方士自喻，寫其孤高。詩分三段，前六、中八、後二。前段「東方」二句謂聞說東方有一士，其衣服常不完整。「三旬」二句謂其三旬之時，惟九食耳；十年之間亦僅著一冠。「辛勤」二句謂其辛勤無人可比，以身困道亨，故常有好容顏也。中段寫淵明前往造訪。「我欲」二句謂我晨起卽出發，行過關河，欲前去觀其人之風采。「青松」二句寫士所居，謂至其居處，但見青松夾路而生，白雲停宿簷端。二句見其居之高卓閒靜也。「知我」二句一轉，謂士已知我所以來之意，故取琴爲我彈奏。「上絃」二句承上，謂所彈者，則別鶴、孤鸞也。二句寫其孤寂之懷也。後段謂願留此與士同住，以至歲寒。願從東方士至歲寒，實則自嘆無可與共歲寒者也。

其六

蒼蒼谷中樹，冬夏常如茲。年年見霜雪，誰謂不知時。厭聞世上語，結友到臨淄。稷下多談士，指彼決吾疑。裝束既有日，已與家人辭。行行停出門，還坐更自思。不怨道里長，但願人我欺。萬一不合意，永為世笑之。伊懷難具道，為君作此詩。

【校記】

△結「友」　和陶本作交，曾本云，一作交。案，交乃友之形誤。

△指「彼」　蘇寫本作往。注，一作彼。曾本、和陶本云，一作往。案，作彼是。

△「吾」疑　曾本云，一作狐。案，作吾是，作狐乃涉下疑字聯想而誤。

△「指彼決吾疑」　曾本云，一作柏社決五疑。案，作柏社決五疑義不可通。

△笑「之」　焦本作嗤，注，一作之，非。曾本云，一作嗤。案，義並可通。

△「難具」　蘇寫本作誰與，注，一作難具。案，義並可通，作難具義長。

【集評】

既厭聞世上之語，又欲叩稷下之談，束裝已出，還坐復思，行止顚倒，愁況難言。我意既恐不

合，畏彼之歎，畏彼之笑；伊懷又欲代宣，爲彼具道，爲彼作詩。語默錯綜，苦心何盡。（明黃文煥陶詩析義卷四）

首四句興起，人品已見。下故爲顛倒錯綜之言，以寫霜雪不移之志，波瀾起伏，心緒萬端。（清吳瞻泰輯陶詩彙註卷四）

交情之薄，古今同歎。然趨炎之輩，究不若耐霜雪者之爲可久也。「不怨道里長，但畏人我欺」，非閱世深者，安得此語？（清溫汝能纂集陶詩彙評卷四）

【析論】

淵明此詩以委婉之詞，明己堅貞之志。詩分三段，前四、中四、後十。首段以谷樹自比。「蒼蒼」二句謂蒼蒼谷中之樹，無論冬夏，常皆如此。「年年」二句承上，謂此谷中之樹，年年皆見霜雪，誰謂其不知時節之變遷？中段「厭聞」二句謂飽聞世人之語，故欲至臨淄交友。「稷下」句承上厭聞句，謂所飽者乃稷下多談說之士。指彼句承上結交友句，謂願至臨淄與其士談道，以解我平生之疑。二段有欲出爲仕，以求利祿之意。後段一轉。「裝束」二句謂裹束行具已停當多日，同時已與家人辭行。「行行」二句謂其欲行不行，屢行屢止，且回坐更深思之。此上四句寫其猶疑不定，遲遲其行之狀態，極傳神。「不怨」二句承上更自思，我所以遲遲其行者，並不怨道路之阻長，祇憂慮至其地，人將欺我。「萬一」二句亦承上自思，謂恐至其地，有不合我意者，至永爲世人所嗤笑。以上四句意謂恐至臨淄，與志不合，世人但笑其汲營奔競，而守德不卒，至此地步！「伊懷」

二句總結，謂我之心懷難委婉俱言之，故爲君作此詩，請君了解我之心意。

淵明此詩，觀其首尾卽知其堅定不去之志。而中以欲去不去形容之，明出處未可深言，托詞姑以謝世，極曲折盡意。

其七

日暮天無雲，春風扇微和。佳人美清夜，達曙酣且歌。歌竟長嘆息，持此感人多。

皎皎雲間月，灼灼葉中華。豈無一時好，不久當如何。

【校記】

△「皎皎」　文選、玉台新詠作明明。案，皎皎、明明義同。古人狀月習用皎皎。

△葉中「華」　和陶本作花。文選、玉台新詠同。案，華、花正、俗字。

【集評】

「日暮天無雲，春風扇微和」二句，因時起興。「雲間月」、「葉中花」，卽物起興。借美人以立言，又比體也。（清吳菘論陶）

興起，卽「美人遲春暮」意。雖不及其沉鬱，而淡處、質處、疎散處自難到。比結虛字冷雋，通首亦似詠懷。（清孫人龍纂輯陶公詩評註初學讀本卷二）

清韻。情景交融，盛唐人所自出。（清東方樹著昭昧詹言卷四）

不屑屑摹擬，而自有跌宕，庶幾頡頏古調。（無名氏批註選詩補註卷五）

【析論】

淵明此詩感青春易逝，良辰美景不常。詩分兩段，前六後四。前段「日暮」二句因時起興，謂日暮以後，天無片雲，春風吹來，微帶和暖之氣。「佳人」二句承上，謂佳人喜此清朗夜晚，故暢飲高歌直至天明。清字承無雲來。「歌竟」二句承上轉意，謂佳人歌畢長聲嘆息，此事感人實多。後段「皎皎」二句即物起興，謂雲間之月潔白明亮；葉中之花，蓓蕾盛放。「豈無」二句承上興感，謂雲間月，葉中花豈無一時之好？然不久當如何？意謂月盈而復虧，花終須凋謝也。

淵明此詩極清韻，情景交融，是比而賦之體。

其八

少時壯且厲，撫劍獨行遊。誰言行遊近，張掖至幽州。飢食首陽薇，渴飲易水流。不見相知人，惟見古時丘。路邊兩高墳，伯牙與莊周。此事難再得，吾行欲何求。

【校記】

△行「遊」　曾本云，一作道。案，作道非。

△「惟見」　各本云，一作純是。和陶本作純見。案，依句法，當作惟見。

△「吾」行　曾本云，一作君。案，依詩義，當作吾。君乃吾之形誤。

【集評】

伯牙之琴，莊子之言，惟鍾、惠能聽；今有能聽之人而無可聽之言，此淵明所以罷遠游也。（宋湯漢註陶靖節先生詩卷四）

此篇無倫無次，章法奇奧。始而張掖、幽州，悲壯游也；忽而首陽、易水，傷志士之無人；忽而伯牙、莊周，歎知音之不再而避世之難得也。公生平志節，亦盡流露矣。（清吳瞻泰輯陶詩彙註卷四）

志士無人，知音難得，可勝慨然。（清孫人龍纂輯陶公詩評註初學讀本卷二）

淵明有荊軻、夷、齊之心志，而時會各殊，所懷不遂，故不得不作退一步想也。篇中寄託遙深，只可爲知者道爾。（清溫汝能纂集陶詩彙評卷四）

【析論】

淵明此詩嘆壯志不酬，知音難遇也。「少時」二句謂其少年時體壯而性烈，撫劍獨自行遊。「誰言」二句承上，謂誰云我之行遊祇在近處，吾之行迹遍及張掖及幽州。張掖至幽州，途不知其幾千里，而路愈遠，所到之處愈廣，愈見其無知己之人。「飢食」二句謂方其飢時，則採首陽之薇而食，渴時卽取易水以飲。二句見淵明於夷齊荊軻之敬慕。「不見」二句承上張掖句，謂在遠遊途中，不遇知己，惟見古時墳山。「路邊」二句承上古時丘，謂見路邊有兩座高墳，則伯牙與莊周也。鍾子期死，伯牙輟琴；惠施死，莊子不再談道，淵明取此二人，亦點明其無知己。「此士」二句承上，謂伯牙與莊子已不可再得，如此則吾遠行尚有何求？

其九

種桑長江邊，三年望當採。枝條始欲茂，忽值山河改。柯葉自摧折，根株浮滄海。
春蠶既無食，寒衣欲誰待。本不植高原，今日復何悔。

【校記】

△山「河」 曾本、蘇寫本云，一作川。案，作河是。世說新語言語：風景不殊，正自有山河之異。

【集評】

「枝條」二句意瞭如矣。「植高原」者何勿榮，根固有所託也。筆調神似十九首，其用意曲，固非古人，不能有此。（清陳祚明評選采菽堂古詩選卷十三）

此擬識人託身不慎之詩，通首用比。（清張蔭嘉古詩賞析卷十四）

此慨晉室之所以亡也。典午創業，本乏苞桑之固，五馬南浮，復無磐石之安。何曾輿歎其前，干寶抗論於後。「本不植高原，今日復何悔」，爲此詩者，其知道乎！命意全在末二章，所謂圖窮而七首見。（清陳沆詩比興箋卷二）

【析論】

淵明此詩以桑之摧折漂浮，喻宗國之篡滅。詩分兩段，前二後八。前段「種桑」二句謂種桑於長江之邊，望其三年長成而採。「枝條」二句一轉，謂孰料枝條始欲茂盛，忽遇山河變改。「柯葉」、二句承上，謂以山河改故，枝葉摧折，枝幹浮留於大水之上。「春蠶」二句承上，謂以桑樹摧折，春蠶既無桑葉可食，則必夭死而無繭可結，如此則寒衣將無著。此段蓋指劉裕篡晉事，而淵明以遺民自居，感無宗國庇蔭之苦。後段致慨，語極悲憤，謂桑不植於高原，而種於江邊，其受禍也固宜，今日何悔之有？意謂誤國之人，誤國之政，由來已久，初行而誤，悔亦何及？

淵明此詩是比體，以桑樹之摧折，比國之遭篡，所寫極悲憤，如後四句，幾胸中火發，如大地山崩矣。所謂圖窮而匕首現也。

雜詩十二首

其一

人生無根蔕，飄如陌上塵。分散逐風轉，此已非常身。落地為兄弟，何必骨肉親。
得歡當作樂，斗酒聚比鄰。盛年不重來，一日難再晨。及時當勉勵，歲月不待人。

【校記】

△「落地爲」　蘇寫本作流落成。曾本云，一作流落成。焦本云，一作流落成，非。案，依文義，

當作落地爲。

【集評】

兄弟矣，奈何又非骨肉親？將固不指兄弟。「盛年」二句，十九首豈能過之。（清陳祚明評選采菽堂古詩選卷十四）

憂中有樂，樂中有憂。覺柳子兩澗詩猶私憂私樂也。（清邱嘉穗東山草堂陶詩箋卷四）

【析論】

淵明此詩寫人生短促，故斗酒聚鄰，以盡其歡，而亦當及時自勉。時分兩段，前八後四。前段謂人生在世，飄忽無根蒂，四海皆兄弟，當如骨肉相親。首四句謂人生在世，無有根蒂，有如陌上塵土，隨風飄轉，四處漂泊，此身經歷種種變故，已非故我之身矣。「落地」二句承上轉意，謂此身既然已非常身，則何必非要骨肉方能相親？意謂人生在世，應視同兄弟。「得歡」二句承上，謂既當視爲兄弟，則遇有歡慶之事當作樂，斗酒聚鄰，共爲歡飲。後段承上轉意，寫人當及時勉勵。「盛年」二句謂一生之間，盛年一過，不再轉來；一日之間，晨時已過，亦不再得晨。結二承上，謂如此當趁盛年勉勵上進，歲月流逝，並不待人。意謂人不及時自勵，轉眼已成白髮，一事無成，則悔之晚矣。

淵明此詩前段以飄塵爲喻，歸於歡樂，說得熱鬧。然後段陡轉，而以盛年不再，及時勉勵爲勸，說得嚴正，筆力挺拔，而語意精警，發人深省，是比而賦之體。

其二

白日淪西阿，素月出東嶺。遙遙萬里暉，蕩蕩空中景。風來入房戶，夜中枕席冷。

氣變悟時易，不眠知夕永。欲言無予和，揮杯勸孤影。日月擲人去，有志不獲騁。

念此懷悲悽，終曉不能靜。

【校記】

△西「阿」各本作河。何校宣和本作阿。曾本云，一作阿。案，作西阿是。作河乃形近而誤。穆天子傳卷一：天子獵於硏山之西阿。張融海賦：天抗暉於東西，日倒垂於西阿。

△萬里「暉」 李本、曾本、焦本作輝。蘇寫本、和陶本作暉。案，作暉是。

△「蕩蕩」 曾本云，一作迢迢。案，蕩蕩、迢迢義近。作蕩蕩音、義較長。

△「夜中」 蘇寫本作中夜。曾本云，一作中夜。案，中夜猶夜中。

△時「易」 曾本、蘇寫本云，一作異。案，作異義近。

△「夕」永 和陶本作夜。案，夕、夜義同。惟作夜與上夜中重複。

△「予」和 曾本云，一本或，又作餘。蘇寫本作余。案，予同余。作或、餘非。

△「擲」人 曾本云，一作揥，又作掃。案，揥乃擿之壞字。揥，捐棄也。掃與揥形近而誤。

△「終」曉 曾本作中。注，一作終。案，作中非。

【集評】日淪月出，氣變時易，似亦微指晉、宋革代之事而言。（清邱嘉穗東山草堂陶詩箋卷四）

「白日淪西河，素月出東嶺」，因時起歎。「日月擲人去」正應此。擲人去，正西方淪而東已出之意，所以悲悽終曉也。（清吳菘論陶）

「欲言無予和，揮杯勸孤影」二語，妙在「欲」字、「勸」字，於寂寞無聊之況，得此閒趣。周青輪謂遣悶妙法。予謂淵明懷抱，獨有千古，即此可見。「日月擲人去」，「擲」字亦新亦妙。（清溫汝能纂集陶詩彙評卷四）

【析論】淵明此詩感時光流逝，壯志未酬。詩分兩段，前十後四。前段寫夜涼不寐。獨酌無親。起四寫月景，謂白日西沈，素月東上，月光遙遙萬里，於浩蕩之夜空中，照耀得十分明亮。「風來」二句謂夜風吹入房中，枕席爲之冰冷。「氣變」二句承上，謂感氣候變化，方悟時節已更；夜涼不寐，方體夜長未央。「欲言」二句承上不眠，謂欲吐隱衷，無與和者；寂寞無奈，祇能持杯以孤影勸飲。勸字絕佳，最見淵明寂寞之境。後段「日月」二句謂時光拋人而去，我雖有志，却未獲施展。擲字佳，有但去不顧之意。結二承上興慨，謂志不得伸，念之滿懷悲悽，至曉未能平靜。

淵明此詩白描情景，空明澄澈，氣韻清高，以韻勝。

其三

榮華難久居，盛衰不可量。昔為三春蕖，今作秋蓮房。嚴霜結野草，枯悴未遽央。
日月有環周，我去不再陽。眷眷往昔時，憶此斷腸人。

【校記】

△三春「蕖」　曾本云，一作英。案，作蕖是。指芙蕖，與下秋蓮相應。

△「有環周」　焦本作環復周。注，宋本環復周，一作有環周，非。曾本云，一作復，又作還復周。蘇寫本云，一作復。案，作有環周較勝。

【集評】

（「嚴霜結野草」句）「結」字工於體物，柔卉被霜，萎亂紛紜，根葉輒相糾纏，道盡極目。（「枯悴未遽央」句）半死半生之況，尤爲慘戚，「未遽央」三字，添得味長。（明黃文煥陶詩析義卷四）

感歎人生不如草木。蓋人事之盛衰倚伏亦同草木，惟老少不能如草木，所以少時堪眷。（淸馬璞陶詩本義卷四）

【析論】

淵明此詩喻興亡之感。詩分兩段，前六後四。前段起二謂榮華難保常在，人物之盛衰亦不可預爲揣量。「昔爲」二句承上，謂即以芙蕖而言，春季三月，蓓蕾正盛，至秋則變爲蓮蓬矣。其花乃不能長好。「嚴霜」二句亦承首二，謂秋時嚴霜著於野草，而其枯悴零落，未遂得盡，半生半死之況，尤爲慘戚。後段承上致慨。「日月」二句謂日月周而復始，而我逝去之年華已不得再生矣。結二謂顧念往昔之盛，感傷今時之衰，憶念及此，令人腸斷！邱惠穗云：「大意謂晉亡於宋，昔盛今衰，如荷之春生秋謝。今宋之陰意殺物，如霜降草枯，雖日月環周，而我遂一去而不復再見天子當陽時候，能不感昔而斷腸哉！」（東山草堂詩箋卷四）

其四

丈夫志四海，我願不知老。親戚共一處，子孫還相保。觴絃肆朝日，罇中酒不燥。
緩帶盡歡娛，起晚眠常早。孰若當世士，冰炭滿懷抱。百年歸丘壟，用此空名道。

【校記】

△「丈」夫　和陶本作文。案，作文誤。

△「歸」丘壟　曾本、蘇寫本云，一作掃。焦本云，一作掃，非。案，掃乃歸之壞字。

△「丘壟」　曾本云，一作掃壟。案，作掃壟非。

【集評】

亂世得此，實爲僥倖，安用空石，舍我眞樂。（清蔣薰評陶淵明詩集卷四）

歎老嗟卑，則常自託於志在四海，於是冰炭交戰，至死不悟。吾知空名爲無益，故不知老之將至，而目前莫非眞樂也。（清何焯義門讀書記·陶靖節詩）

親戚一處，子孫相保，非處順境者，難覯此景象，而況亂世乎？語語質，語語眞。有此眞樂，便可縱飮忘憂，此淵明所以甘於隱遁而不悔者，其在斯歟？（清溫汝能纂集陶詩彙評卷四）

【析論】

淵明此詩寫願享天倫之樂，不願入世爭此空名也。詩分兩段，前八後四。前段首二句謂壯時志在四海，於今則願樂享天倫，不知老之將至。蓋已無志於四海矣。「親戚」二句謂願與親戚共處，子孫互相照顧。「觴絃」二句謂整日飮酒彈琴作樂，而樽酒不乾，言其飮酒之多。「緩帶」二句承上，謂如此優游盡歡，常早睡晚起也。後段撥轉，「孰若」二句謂不若當世之士，名利擾攘，冰炭交戰，至死不悟。故結二謂死後終歸丘壟，安用此空名稱哉？意謂空名不足恃也。

其五

憶我少壯時，無樂自欣豫。猛志逸四海，騫翮思遠翥。荏苒歲月頹，此心稍已去。
值歡無復娛，每每多憂慮。氣力漸衰損，轉覺日不如。壑舟無須臾，引我不得住。
前塗當幾許，未知止泊處。古人惜寸陰，念此使人懼。

【校記】

△憶「我」　曾本云，一作爲，又作昔。蘇寫本云，一作昔。案，作憶我較佳。

△「自」欣豫　和陶本作亦。案，義並可通。

△「騫」翮　曾本、蘇寫本云，一作輕。案，作騫是。

△止「泊」　曾本、蘇寫本云，一作宿。案，當作泊，與前舟相應。

【集評】

沉着痛快，中年人讀之始覺味長。（清何焯義門讀書記·陶靖節詩）

詩意極有漸次，層層翻轉，所謂情隨年減也。始而猶計歲月，漸且計日矣。（清吳瞻泰輯陶詩彙註卷四）

是少壯襟懷，妙。是老人心境，妙。情隨歲減，能以常意道至理，亦極有層次。安溪云，此歎學行之無成也。（清孫人龍纂輯陶公詩評註初學讀本卷二）

【析論】

淵明此詩歎己身衰老而學行未成也。詩分三段，前四、中六、後六。前段憶少壯之志。「憶我」二句謂憶我少壯之時，雖無可資快樂之事，然心情自是愉悅。「猛志」二句有超越四海之偉大志向，如鳥之欲展翅高飛。中段歎己之衰老。「荏苒」二句謂歲月逐漸消逝，而雄心壯志亦稍離我而去。二句與上「猛志」二句反應。「值歡」二句承上，謂值可喜之事亦不復覺其可喜，而常有不少憂慮。二句與上無樂自欣豫反應。「氣力」二句承上，謂氣力逐漸衰退，轉覺一日不如一日。後段以惜陰自期。「壑舟」二句謂時光之運轉，如莊子所謂壑舟一般，行無須臾，我欲留之，亦不得住。「前塗」二句承上，謂吾不知餘年尚有幾許，亦不知將來歸宿所在。「古人」二句一轉，謂想念古人惜寸陰之狀，而感己虛度歲月，實是可怕。

淵明此詩由昔入今，而及將來，極有層次，通篇是賦體。

其六

昔聞長者言，掩耳每不喜。奈何五十年，忽已親此事。求我盛年歡，一毫無復意。去去轉欲遠，此生豈再值。傾家持作樂，竟此歲月駛。有子不留金，何用身後置。

【校記】

△長「者」　曾本、蘇寫本注，一作老。案，長者、長老兩可。作長者較佳。

△「每」不喜　曾本云，一作常。案，每、常義同。

△盛「年」歡　曾本、蘇寫本云，一作時。案，作年義較長。

△「豈」再值　焦本作難。注，一作豈，非。曾本、蘇寫本云，一作難。案，作豈義長。

△「持」作樂　李本、曾本、蘇寫本、和陶本作時。又曾本云，一作特，又作持此。焦本云，一作時，非。持作蘇寫本云，一作持此。案，作持作樂於文義較順，謂持傾家之資飲酒作樂也。

△「竟」此　和陶本作競。案，作競乃音同而誤。

△身後「置」　蘇寫本云，宋本作事。曾本云，一作事。案，作置是。

【集評】

此首言老年之懷。（清馬墣陶詩本義卷四）

周青輪曰：起處章法甚佳。（清溫汝能纂集陶詩彙評卷四引）

【析論】

淵明此詩歎盛年已逝，聊放意以樂餘年耳。詩分兩段，前四後八。前段「昔聞」二句謂往昔聞長者所言老人之事，常掩耳不喜聞聽。「奈何」二句承上，謂奈何今已五十歲，已身歷其境矣。後段「求我」二句謂今已五十，欲求盛年之歡樂，已絲毫無再復之意矣。「去去」二句承上，謂歲月之去，似乎愈來愈遠，而此生一去即不回復矣。「傾家」二句承上，謂我欲如疏廣之傾家產作樂，以盡吾餘日。「有子」二句反應前傾家句，謂我雖有子，然我不願貽金錢與子孫，以損其志而增其過，故我傾家作樂可也。

淵明此詩全說人事，然觀其後段之語，則又有意逍遙於人事之外，不爲人事虛情所拘矣。

其七

日月不肯遲，四時相催迫。寒風拂枯條，落葉掩長陌。弱質與運頹，玄鬢早已白。
素標插人頭，前塗漸就窄。家為逆旅舍，我如當去客。去去欲何之，南山有舊宅。

【校記】

△「掩」長陌　曾本、蘇寫本云，一作滿。案，掩、滿義近，作掩較勝。

△「與」運頹　曾本作興。注，一作與。焦本云，一作興，非。案，興乃與之形誤。與運頹謂隨時運而衰頹也。

△「運頹」　曾本云，一作頹齡。案，當作運頹。與頹齡則與作連詞矣。

△插「人」頭　曾本云，一作君。案，作人是。

【集評】

初嫌「素標插人頭」句險，詩固不弱。（清陳祚明評選采菽堂古詩選卷十四）

此與神釋篇所謂「老少同一死，正宜委運去」數語同意。恐亦破東林淨土之說。此言亦達甚，以家爲逆旅，以南山墓冢爲舊宅，公蓋視死如歸耳。公自祭文亦云：「陶子將辭逆旅之館，永歸於本宅。」是此詩確證。（清邱嘉穗東山草堂陶詩箋卷四）

周青輪曰：「逆旅」二句，達人能言，癡人難讀。（清溫汝能纂集陶詩彙評卷四引）

【析論】

淵明此詩歎時運催迫，前途無多，惟有坦然歸於舊塋而已。詩分兩段，前八後四。前段「日月」二句謂日月不肯遲行，日月互相催迫也。「寒風」二句承上，謂轉眼之間，寒風吹動枯萎之枝條，落葉已蓋滿長陌。「弱質」二句承上，謂微弱之資質，隨時運而衰頹，兩鬢早已由黑變爲白矣。「

素標」二句承上，謂白髮在頭，如插標識，而來日愈來愈短也。後段「家爲」二句謂家如逆旅耳，而我如將去此逆旅之客。「去去」二句承上，謂我之去此將欲何往？則南山舊塋正可供我止息也。淵明以家爲逆旅，以南山墓冢爲舊宅，公蓋視亡如歸耳。

其八

代耕本非望，所業在田桑。躬親未曾替，寒餒常糟糠。豈期過滿腹，但願飽粳糧。
御冬足大布，粗絺以應陽。正爾不能得，哀哉亦可傷。人皆盡獲宜，拙生失其方。
理也可奈何，且爲陶一觴。

【校記】

△躬「親」　和陶本作耕。案，作親是。作耕與上句耕字重。

△寒「餒」　蘇寫本作餧。案，餧同餒。荀子儒效：雖窮困凍餧，必不以邪道爲貪。

△「過」滿腹　曾本云，一作遇。案，遇乃過之形誤。

△但「願」　和陶本作就。曾本云，一作就。案，作就非。

△「御冬足」　曾本云，一作禦冬乏。案，御、禦古通。作乏非。下大布猶麤布也。

△「正」爾　蘇寫本、焦本作政。曾本云，一作政。和陶本作止。案，正、政古通。止乃正之壞字。

△「且」爲　焦本云，一作足，非。案，作且是。

【集評】

沃儀仲曰：一句一轉，古詩之最變幻。（明黃文煥陶詩析義卷四）

始言「代耕」，後言「人皆獲宜」，自有不獲宜者故爾，然固理也，匪直是命。語質率，自不近。「正爾不能得」句法，晉時人質語，後人不能道。（清陳祚明評選采菽堂古詩選卷十四）

此公自述其彭澤歸來，饑寒窮困之狀，而卒安於命也。以「田桑」二字總起，中間「衣食」二項，應上田桑，妙在不排。（清邱嘉穗東山草堂陶詩箋卷四）

【析論】

淵明此詩抒己力耕而不得溫飽之不平，寄酒以遣之。詩分兩段，前十後四。前段寫其躬耕而常寒餒。「代耕」二句謂爲官食祿本非吾所望，我所業者，乃是耕織。「躬親」二句承上所業，謂躬耕親作，未曾稍替，然仍不免受凍挨餓，以糟糠糊口。「豈其」四句一轉，謂豈是希冀過分飽足，但願有粳米一飽卽可。冬天以粗布衣服卽足禦寒，夏天穿葛布衣，則於願足矣。以上四句言己於衣食之要求不高。「正爾」二句承上四，謂所求卽便如此簡單，亦不能得，實是哀傷。後段抒其不平之慨。「人皆」二句謂人皆各得其所，我却謀生無方。「理也」二句承上，謂「人皆盡獲宜，拙夫失其方」，吾於此理實無可奈何，且盡一杯，爲之陶然可也。

淵明此詩多轉折，然整體觀之，却又一氣貫注，可謂於整齊中寓變幻，詣之最難。而語甚直率，如口語然。

其九

遙遙從羇役，一心處兩端。掩淚泛東逝，順流追時遷。日沒星與昴，勢翳西山巔。

蕭條隔天涯，惆悵念常飡。慷慨思南歸，路遐無由緣。關梁難虧替，絕音寄斯篇。

【校記】

△東「逝」　李本作遊。案，作遊非。逝，往也。

△常「飡」　和陶本作餐。案，餐爲正字，湌爲異體字，飡爲湌之俗字。說文：餐或從水。廣韻：湌，上同（餐），俗作飡。

【集評】

不知何云，但懷人之情若斯，至矣！「路遐」句，古絕音。斯篇情不可絕。（清陳祚明評選采菽堂古詩選卷十四）

此似追憶，使都還江陵後，傷國勢日蹙，以至篡弒而亡也。玩「日沒星昴」二句可見。（清邱嘉穗東山草堂陶詩箋卷四）

此當是懷思之作，其中情致綿邈，遠無由達，眞不覺有天南地北之感。（清溫汝能纂集陶詩彙評卷四）

【析論】

淵明此詩寫心憚遠役，悵然懷歸也。詩分兩段，六句一段。前段寫行役。「遙遙」二句謂遠至他鄉從仕，一心處於兩端，蓋指身在途而心在家也。二句寫旅況耿耿，淒涼欲絕。「掩淚」二句承上從羈役，謂掩面垂淚，隨舟東逝。順流而下，與時之遷移相追逐。「日沒」二句承上，謂如此一往不返，以致如日之沒於西方而蔽於西山之巔矣。意謂此去將鄉關乖隔，無由得歸矣。後段卽寫思歸無由。「蕭條」二句謂遠隔天涯，寂寥無奈，雖在宦場，而心常念往日平常所食者。淵明平常所食者，糟糠而已。前首有「寒餒常糟糠」句。「慷慨」二句承上，謂思之不覺心情激動，而欲南歸。然路途遙遠，無從得歸也。「關梁」二句承上路遐句，謂行役艱廢，音問既飽，故寄託心懷於斯篇。

其十

閑居執蕩志，時駛不可稽。驅役無停息，軒裳逝東崖。沈陰擬薰麝，寒氣激我懷。
歲月有常御，我來淹已彌。慷慨憶綢繆，此情久已離。荏苒經十載，暫為人所羈。
庭宇翳餘木，倏忽日月虧。

【校記】

△「停」息　曾本、蘇寫本云，一作休。案，作停較勝。

△「逝」東崖　曾本云，一作遊。案，作逝是，逝，往也。

△「沈陰擬薰麝」　曾本云，一作泛舟擬董司。案，當作沈陰擬薰麝，謂沈陰如薰麝之不散也。

△「沈陰」二句　曾本、蘇寫本云，一作泛舟董司寒，悲風激我懷。焦本云，一作泛舟擬董司，悲

風激我懷。

△「久」已離　曾本云，一作少。案，作久是。

△人所「羇」　和陶本作羈。案，羈、羇古字通用。

【集評】

志之善蕩，非執之不可止也。稽，稽留也。志可執，時不可留也。（「沈陰擬薰麝」二句）沈陰不破，擬薰香以敵之，庶幾香煙升而陰沉開乎。此中藏多少感憤。陰結而爲寒，彼氣愈盛，我力愈弱。積懷受激，云如之何，諉諸天運之常，從來已久，孤身綢繆之難，亦從來久矣。下句「常御」字、「久離」字、「暫羈」字，承映生憤。（明黃文煥陶詩析義卷四）

久離固不可堪。又「沈陰」句稍欠自然。（清陳祚明評選采菽堂古詩選卷十四）

玩「沉陰」、「寒氣」、「日月虧」等句，亦是傷心國事之作。（清邱嘉穗東山草堂陶詩箋卷四）

【析論】

淵明詩寫羈旅行役之感。詩分三段。前六、中四、後四。前段「閒居」二句謂憶昔閒居之時，吾塞放縱之志，而時光似駛，倏忽不可留。「驅役」二句承上一轉，謂我於是出外爲仕，行役無停息之時，而車服逝於東崖。「沈蔭」二句寫行役之苦，謂沈蔭如薰麝一般，致寒氣侵我懷抱。中段「歲月」二句謂歲月有其常行之道，我來行役，停留已久。「慷慨」二句一轉，謂中心激動而回憶往昔友情，而此情疏離已久。後段「荏苒」二句謂我來行役忽忽已有十年，此身暫爲人所羈牽。「庭宇」二句一轉，謂想家中庭宇定已遮滿樹木，此時忽覺光陰消逝之速也。

淵明此詩賦體。

其十一

我行未云遠，回顧慘風涼。春燕應節起，高飛拂塵梁。邊雁悲無所，代謝歸北鄉。離鵾鳴清池，涉暑經秋霜。愁人難爲辭，遙遙春夜長。

【校記】

△「邊」雁　曾本云，一作鳧。案，作鳧非。

△「悲」無所　曾本云，一作照。案，作照非。

△涉「暑」　曾本云，一作暮。案，作暮蓋暑之形誤。

△「春」夜長　曾本云，一作喜。案，作喜非。

【集評】

（「春燕應節起」句）燕以社來，故曰應節。諸首言風冷，言春蕖、秋房、寒風、寒氣、御冬、應陽，分列四時，此復總敘一番，結以愁人難爲辭。前此寫愁雖無辭不盡，然愁胸無限，即千言何嘗能罄，辭等無辭耳，最爲低黯。（明黃文煥陶詩析義卷四）

燕、雁，物皆有託，「離鵾」，獨愁已久矣！夫古人悲秋，公獨憫春，天下皆春，偏有搖落之

感。（清陳祚明評選采菽堂古詩選卷十四）

離人思婦，觸境皆悲，其情然也。古今忠臣義士，遭時不遇，而日月已逝，貧苦無聊，情況有不堪告人者，其悲憤之懷，亦若是焉已爾。淵明之傷春，正與宋玉之悲秋同一悽愴，何分境候哉！（清溫汝能纂集陶詩彙評卷四）

【析論】

淵明此詩寫春夜不眠，慨然憶往。詩分三段，前二、中六、後二。前段謂昔日曾外出爲仕，其行雖未云遠，然回首往事，覺其如慘風之涼也。二句有今是而昨非之感。中段憶往，「春燕」二句喻出仕，謂昔日出仕，如春燕之應節，高飛而起，拂動梁上之塵也。「邊雁」二句謂喻其歸田，謂出仕以後，如邊雁悲其所失，隨時之代謝而飛歸北鄉。「離鵾」二句喻其歸後之孤吟無和，謂歸後如離羣之鵾，鳴於清池，歷有年所。後段謂愁人難爲言辭，但苦於春夜遙長不寐何！

淵明此詩賦而比之體。

其十二

嫋嫋松標雀，婉孌柔童子。年始三五間，喬柯何可倚。養色含津氣，粲然有心理。

案：王叔岷先生曰：此首頗似不完整之遊仙詩，與前十一首皆不類。疑後人之作竄入陶集者。湯漢注本別出，編于歸去來辭之後，最爲有識！蘇東坡和陶詩亦未和此首。今從王先生說，姑存錄之，不加詮解。（見王先生著陶淵明詩箋證稿）

詠貧士七首

其一

萬族各有託，孤雲獨無依。曖曖空中滅，何時見餘暉。朝霞開宿霧，衆鳥相與飛。遲遲出林翮，未夕復來歸。量力守故轍，豈不寒與飢。知音苟不存，已矣何所悲，

【校記】

△「各」有託　初學記作皆。案，各、皆義同。

△「空」中滅　初學記作虛。案，空、虛義同。作空中音節較佳。

△「餘暉」　餘初學記作殘。暉文選作輝。案，殘、餘義同。暉同輝。

△未「夕」　蘇寫本作久。曾本云，一作久。案，久乃夕之形誤。

△「未夕復來歸」　曾本、蘇寫本云，一作未夕已復歸。焦本云，一作已復歸，非。案，作未夕復來歸較佳。

△「何所悲」　曾本、蘇寫本云，一作當告誰。案，作何所悲義較長。

【集評】

詠貧士第一首寫明正意。第二首極寫饑寒，結言何以致此，不免有慍，作一開，賴有前賢，以慰吾懷，作一闔，又以古賢起下諸人。末首結句作一大結，與第二首結句對照；邈哉前修，賴古多此賢也，誰云固窮難足以慰吾懷矣。七首一氣。（清吳菘論陶）

孤雲倦翮以興，舉世皆依乘風雲而已。獨無攀緣飛翻之志，寧忍饑寒以守志節，縱無知此意者，亦不足悲也。（宋湯漢註陶靖節先生詩卷四）

且所謂朝霞開霧，喻朝廷之更新；衆鳥羣飛，比諸臣之趨附。而遲遲出林，未夕來歸者，則又自況其審時出處與衆異趣也。（元劉履選詩補註卷五）

前八句皆借雲鳥起興，而歸之於自守。後四句出意一反一正，可稱沈鬱頓挫。（清吳瞻泰輯陶詩彙註卷四）

起陡然醒快，說得貧士地位高曠絕倫，喻衆人。又一喻見貧士有品如此。前借雲鳥起興，歸於自守，後結出正意，頓挫沉鬱。（清孫人龍纂輯陶公詩評註初學讀本卷二）

【析論】

淵明此詩寫不汲營奔競，而甘安守本分，無怨無尤。詠貧士詩共七首，此首是總冒，次首自詠，其下五首則詠古來貧士以爲證。依詩意，七首當是宋初作品。此首可分三段，四句一段。前段「萬族」二句以萬族喻世人，孤雲喻貧士，亦自喻也。謂世人皆有所託，唯貧士如孤雲懸於空際，獨無所依。萬族孤雲對比，益顯貧士之高曠絕倫。「曖曖」二句順前孤雲，謂其於虛空中暗然消散，不再見其光輝。中段「朝霞」二句以衆鳥喻世人之巧捷，謂其於朝霞始映，宿霧甫開之際，即群飛出林，競相馳逐，至晚不歸。「遲遲」二句單寫孤鳥，謂唯有此鳥遲遲出林，未夕即返，不同凡鳥。此段以朝霞開霧喻朝廷之更新，衆鳥與飛喻諸臣之趨附；而以遲遲出林之孤鳥自況，言己無攀緣之志，隱居守節。後段「量力」二句謂己量力而行，甘守貧賤素志，雖飢寒亦不惜。結二則總以知音不存，故至於此，以已矣自歎，而以不悲自喻。然曰不悲，正所以深悲知音之不遇也。

淵明此首比而興也。結以已矣何所悲，以不悲言悲，語甚蘊藉。

其二

淒厲歲云暮，擁褐曝前軒。南圃無遺秀，枯條盈北園。傾壺絕餘瀝，闚竈不見煙。
詩書塞座外，日昃不遑研。閑居非陳厄，竊有慍見言。何以慰吾懷，賴古多此賢。

【校記】

△淒「厲」　曾本云，一作戾。初學記作戾。案，戾、厲古字通用。
△「云」暮　初學記作將。
△「擁」褐　曾本云，一作短。焦本云，一作短，非。案、作擁較佳。
△「曝前」　初學記作抱南。案，作抱南非。
△「南」圃　初學記作前。案，作南是。南圃與下北園相對。

△「絕」餘瀝　曾本云，一作弛。案，作絕是。弛乃絕之形誤。

△「日昃不遑硏」　初學記作白日去不還。案，作日昃不遑硏是。

△「閑」居　李本作閒。案、閑、閒通用；間、閒通用而閑、間不通用。

【集評】

「傾壺」等句質極。自古夫窮非自取者，天也，無可怨也。今玆之貧，似應多悔，賴古賢固窮，復以何憾。（清陳祚明評選采菽堂古詩選卷十四）

通篇極陳窮苦之狀，似覺無聊，却忽以末二句撥轉，大爲貧士吐氣。章法之妙，令人不測，大要只善於擒縱耳。公自作五柳先生傳云：「環堵蕭然，不蔽風日，短褐穿結，簞瓢屢空；晏如也。」卽此詩之意。「閒居非陳厄」二句，是欲揚先抑之法，將以反起「何以慰吾懷」二句耳，非公眞有慍見言也。蕭統評其文云「抑揚爽朗，莫之與京」，此類是也。（淸邱嘉穗東山草堂陶詩箋卷四）

【析論】

淵明此詩寫固窮之狀，並聊引古賢以自慰。全篇一氣而下，前十寫貧困，結二撥轉，寫己之處貧，賴古賢多此固窮而自慰。「淒厲」二句寫寒，並點明時序。霜風淒厲，短褐不足以禦寒，故曝日於前軒。「南圃」二句寫園景，圃中無秀，枯條盈園，一派淒淸景象，與貧境相映。「傾壺」二句正寫飢，傾壺絕瀝則酒盡；竈不見煙則炊不舉，饔飧不繼矣。「詩書」二句謂因飢寒而不遑觀書。「閒居」二句更寫其妻子翟氏，言其閒居之困厄，非同孔子在陳之困厄，却有如子路慍見之言也。

是妻孥亦難耐飢寒矣。以上縱言貧困之狀。結二收轉，謂所以處窮困者，端賴師法古賢之固窮。於此首爲收，然亦開以下數首，筆法甚奇。「通篇極陳窮苦之狀，似覺無聊，却忽以末二句撥轉，大爲貧士吐氣。章法之妙，令人不測，大要只善於擒縱耳。」（清邱嘉穗東山草堂陶詩箋卷四語）

其三

榮叟老帶索，欣然方彈琴。原生納決履，清歌暢商音。重華去我久，貧士世相尋。
弊襟不掩肘，藜羹常乏斟。豈忘襲輕裘，苟得非所欽。賜也徒能辯，乃不見吾心。

【校記】

△「帶」索　曾本、蘇寫本云，一作縈。案，作帶是。
△決「履」　李本，和陶本作屨。曾本、蘇寫本作屨。注云，一作履。案，履、屨義同。
△「商」音　李本、蘇寫本、和陶本作高。焦本云，宋本商，一作高，非。案，高乃商之形誤。
△「重華去我久」　曾本云，一作去我重華久。案，一作非。飲酒二十：羲農去我久。句法正同。
△「弊襟」　初學記作斂衽。案，作斂衽義亦可通。
△「常乏」　初學記作乏恒。案，作常乏是。

【集評】

始終以原憲自況。其所以能安貧者，惟不萌苟得之念而已。世上縱多子貢，安能以外至之紛華而

變吾不易之素志哉。（清溫汝能纂集陶詩彙評卷四）

「重華」二句，闊大橫絕，合蓋古今，非小儒胸臆所有。「敝襟」二句又遙接「帶索」「納履」。「豈忘」四句，跌宕轉折，總結二古人。此與下二首皆先引古人，後以己讚之、斷之、論之、詠歎之、發明之爲章法。（清方東樹昭昧詹言卷四）

【析論】

淵明此詩寫榮叟、原生之固窮，並歎世人不解其固窮之節。詩分兩段，前六寫二士之性行；後六借原生之事自詠，並嘆世人不解其意。前段「榮叟」二句寫榮啟期年且九十，鹿裘帶索，猶欣然鼓琴而歌，以其能處常得終，無所憂也。「原生」二句寫原憲貧甚，振襟肘見，納履踵決。子貢病之，憲告以不忍爲「仁義之慝，車馬之飾」，子貢慚而去。憲乃徐行，曳杖歌商頌而去，亦見原憲能安貧樂道。「重華」二句點醒篇旨，言重華之世，天下無窮人，然去我已久，所見者惟貧士累世相接，與前四所寫二貧士呼應。「二句闊大橫絕，含蓋古今，非小儒胸臆所有。」（方東樹昭昧詹言卷四語）後段「弊襟」二句借原生事，謂貧士捉襟見肘，藜羹乏斟，寫其貧甚。「豈忘」二句承弊襟句來，謂非捨輕裘而求弊衣，乃以苟得爲恥。二句即孔子「不義而富且貴，於我如浮雲」之意。結二謂子貢雖稱能辯，亦不解原憲深心。是以子貢比當時勸其仕者，而作決絕語。

其四

安貧守賤者，自古有黔婁。好爵吾不榮，厚饋吾不酬。一旦壽命盡，弊服仍不周。

豈不知其極，非道故無憂。從來將千載，未復見斯儔。朝與仁義生，夕死復何求。

【校記】

△「不榮」　藝文類聚作弗營。案，作弗營義亦可通。

△厚「饋」　曾本云，一作餽。案，饋、餽正、假字。

△「弊服仍」　仍焦本、藝文類聚作乃。曾本、蘇寫本云，一作蔽覆乃。焦本作弊服乃，注云，一作蔽覆仍，非。案，作弊服是。仍、乃同義。見爾雅釋詁。

△「斯」儔　和陶本作玆。案，斯、玆義同。

【集評】

上章並舉榮、原而竊自慕於憲之安貧，思附聖人之徒以明志。此章專舉黔婁，自比其安貧守賤之操，堅且決矣。或謂黔婁之行似近於矯，先生豈是耶？然自棄官歸來，不事依託，無求於世，其特立獨行，蓋有若此者。（清溫汝能纂集陶詩彙評卷四）

六句古人，「豈不」以下入己之論讚。（清方東樹昭昧詹言卷四）

【析論】

淵明此詩舉黔婁自況，以見其安貧樂道之襟懷。詩分兩段，前六寫黔婁，後四爲淵明之論贊。

前段「安貧」二句點出黔婁之安貧守賤，以起下四。「好爵」二句承上安貧守賤，謂世之爵祿不足榮其身，扣守賤；君之厚贈拒而不受，扣安貧。二句見黔婁之淸高。「一旦」二句亦承上安貧句來，謂其一旦死去，縕袍不表，覆以布被，手足不盡斂也。後段「豈不」二包承前段來，謂黔婁所愛者，唯道而已，故雖生活窮困，至於此極，此乃命也，故不以爲憂。「從來」二句更爲之贊，謂自黔婁而往，已近千載，卻未見其儔，蓋淵明眼中，安貧守賤足與黔婁比者，惟己而已。結二更入一層，謂朝得仁義，夕死亦可足願。意謂安貧守賤而行仁義，雖至衣食不繼而亡，亦不足憾。

淵明此詩前六寫事，後六論贊，而脈落貫注，詩法嚴謹。

其五

袁安困積雪，邈然不可干。阮公見錢入，卽日棄其官。芻藁有常溫，採莒足朝飡。

豈不實辛苦，所懼非飢寒。貧富常交戰，道勝無戚顏。至德冠邦閭，清節映西關。

【校記】

△「困」積雪　蘇寫本作門。曾本云，一作門。案，作困義較長。

△「芻藁」　和陶本作藘蒿。蘇寫本云，一作藘蒿。

△採「莒」　和陶本作之。曾本，蘇寫本云，一作采之。案，采、採古、今字。莒作之非。

△足朝「飡」　和陶本作餐。案，餐、湌、飡互有同異。請見雜詩第九校記有說。

△「戚」顏　曾本，蘇寫本云，一作厚。焦本云，一作厚，非。案，作厚非。

△「邦」閭　和陶本作鄉。案，作邦較勝。

【集評】

亦是代他設想，推出此一段至理，豈必袁、阮有此故實。（清邱嘉穗東山堂陶詩箋卷四）

「道勝無戚顏」一語，是陶公眞實本領，千古聖賢身處窮困而泰然自得者，皆以道勝也。顏子簞瓢陋巷，不改其樂，孔子以賢稱之，論者謂廁陶公於孔門，當可與屢空之回同此眞樂，信哉！（清溫汝能纂集陶詩彙評卷四）

【析論】

淵明此詩詠袁安、阮公之高行清節，寫道勝之樂。詩分三段，四句一段。前段寫袁安、阮公之高節。「袁安」二句謂袁安困於積雪，寧己凍餒，以爲不宜干人，正見其高風。「阮公」二句謂阮公見錢入，卽日棄官歸里，正見其亮節。中段前二敘事，後二寓理。「芻藁」二句謂夜藉芻藁而眠，得保常溫；白日採莒而食，亦足療飢。皆寫安貧之意。故「豈不」二句一轉，謂如此忍飢受寒，豈不辛苦？然所懼者非體之飢寒，乃道之不行也。後段「無衣」二句承上所懼非飢寒，更入一層申論，謂避貧求富之心常自交戰，而道終勝欲，故面無憂戚之色。結二謂能以道勝，故二公之至德冠於邦國鄉里，清風亮節映照於西關。

淵明此詩，夾敘夾議，以明安貧之事理，舉事切近，議論高妙，以敘事寓理勝。

其六

仲蔚愛窮居，遶宅生蒿蓬。翳然絕交遊，賦詩頗能工。舉世無知者，止有一劉龔。此士胡獨然，實由罕所同。介焉安其業，所樂非窮通。人事固以拙，聊得長相從。

【校記】

△遶「宅」　和陶本，初學記作屋。案、宅、屋義同。

△知「者」　和陶本作音。曾本云，一作音。焦本云，一作音，非。案，作音或因知字聯想而誤，或因形近而亂。

△「止」有　曾本云，一作正。案，作止是。

△「介焉安其業」　曾本云，一作棄本安其末。案，作介焉安其業是。

△「非」窮通　初學記作相。案，作相非。

△「以」拙　蘇寫本、和陶本作已。曾本云，一作已。初學記作已。案，以、已古字通用。

△「相」從　初學記作自。案，作相是。

【集評】

莊子云：「古之得道者，窮亦樂，通亦樂，所樂非窮通也。」陶公得道之士，故自言所樂不在此。起語一「愛」字，見貧士之異，然非貧士異人，人自異貧士耳。所罕同者，以其介焉安之也。周青輪謂「此士胡獨然」一問，覺前半六句俱動，可謂善會。（清溫汝能纂集陶詩彙評卷四）

前六句古人，「此士」以下入己之論讚。「人事」二句，公自言願從仲蔚也。「翳然」言自蔽

匿不與世同，「罕所同」言世人罕能知之。（清方東樹昭昧詹言卷四）

【析論】

淵明此詩寫願效張仲蔚之愛窮居，亦嘆世人中少樂道安貧者。詩分兩段，前六寫仲蔚性行，後六爲之論贊。「仲蔚」二句謂仲蔚篤愛窮居，環宅皆生蓬蒿。首句愛字佳，蓋非安貧篤志之人，焉能愛窮居？仲蔚之高節於此可見。「翳然」二句落到仲蔚身上，謂其翳然好爲高隱而絕棄交遊，且甚工詩。翳然一詞乃承上遶宅生蒿蓬言之。「舉世」二句承上四來，謂舉世祇劉龔一人能識其高風。後段「此士」二句謂仲蔚何爲獨好高隱，實乃存心與世罕同。仲蔚之「罕所同」猶淵明之「稟氣寡所諧」也。「介焉」二句承上罕所同，謂仲蔚介然安其道業，窮亦樂，通亦樂，所樂非窮通也，乃樂其所樂。結二致慨，謂己固拙於人事，庶得從張仲蔚其人者以終耳。

其七

昔在黃子廉，彈冠佐名州。一朝辭吏歸，清貧略難儔。年飢感仁妻，泣涕向我流。

丈夫雖有志，固為兒女憂。惠孫一晤歎，腆贈竟莫酬。誰云固窮難，邈哉此前修。

【校記】

△昔「在」　曾本、蘇寫本云，一作有。案，兩可。

△「仁妻」　曾本、蘇寫本云，一作人事。案，揆諸文義，當作仁妻。

△兒「女」　曾本、蘇寫本云，一作孫。案，作孫義亦可通，惟與下惠孫重。

△固窮「難」　曾本、蘇寫本云，一作節。案，作難是。

△「前」修　李本作何。案，作何誤。

【集評】

此値古人以自況其彭澤歸來與妻孥安貧守道之意。本傳稱其妻翟氏能安勤苦，與公同志，「年饑感仁妻」數語，似爲此而發。（清邱嘉穗東山草堂陶詩箋卷四）

眞語，妙，老實說，此正公詩高處。斷不改節復出矣。（清孫人龍纂輯陶公詩評註初學讀本卷二）

末二句總結後五首，又應第二首結句「賴古多此賢」意。前二首自詠，後五首承「賴古多此賢」句，以見貧者世世相尋之意，而淵明亦自在其內也。（清馬璞陶詩本義卷四）

【析論】

淵明此詩言步武前修，以明固窮之志。不以妻之泣涕，友之厚贈而易其操，詩分三段，前四、中六、後二。前段寫黃子廉之清廉。「昔在」二句謂昔有黃子廉者，曾出仕佐賢州牧。「一朝」二句承上彈冠，謂黃子一旦辭官歸隱，其清貧大抵無人可比。中段寫己實錄。「年飢」四句寫其妻長年感受飢餓，泣涕向其哭訴，謂丈夫雖有固窮之志，固應爲兒女之衣食憂。此四句蓋第二首所謂「竊有慍見言」也。「惠孫」二句寫其友，謂惠孫（事未詳）一見陶公窘境，嘆其自苦如此，厚贈之，而無以酬報。後段謂前修能固窮者甚衆，若能繼踵其志，誰謂固窮爲難？二句廻應首段，亦可爲詠貧士七首之總結。

詠二疏一首

大象轉四時，功成者自去。借問衰周來，幾人得其趣。游目漢廷中，二疏復此舉。
高嘯返舊居，長揖儲君傳。餞送傾皇朝，華軒盈道路。離別情所悲，餘榮何足顧。
事勝感行人，賢哉豈常譽。厭厭閭里歡，所營非近務。促席延故老，揮觴道平素。
問金終寄心，清言曉未悟。放意樂餘年，遑恤身後慮。誰云其人亡，久而道彌著。

【校記】

△「衰」周　曾本、蘇寫本云，一作商。案，作衰義更進一層。

△何「足」　和陶本作肯。案，兩可。

△「近」務　曾本云，一作正。案，作近較勝。

△問「金」　曾本云，一作爾。案，作爾非。問金有典。

【集評】

此淵明詠二疏也。淵明未嘗出，二疏既出而知返，其志一也。或以謂既出而返，如從病得愈，

其味勝於初不病，此惑者顛倒見耳。（宋蘇軾東坡題跋卷二題淵明二疏詩）

二疏取其歸，三良與主同死，荊卿爲主報仇，皆託古以自見云。（宋湯漢註陶靖節先生詩卷四）

「趣」字最宜領會。功成而不歸去，不得趣者也。古今得其趣者，曾有幾人？惟二疏知足知止，所以得趣，惟其得趣，所以散金置酒，不以多財遺子孫也。「趣」字實貫徹前後。（清溫汝能纂集陶詩彙詩卷四）

其託音也遙深，而其材也精確，可見其憂國閔時、牢騷無聊之志。（日本近藤元粹評訂陶淵明集卷四）

【析論】淵明此詩贊二疏之功成自去。詩分三段，前四、中十、後十。前段「大象」二句謂大象轉運四時之序，功成者去，此天道也。「借問」二句承上，謂自周朝衰弱以來，有幾人能識功成則去之理趣？二句起下二疏事。中段寫二疏告老之情景。「游目」二句謂放觀漢廷之中，惟有二疏復能行此。「高嘯」二句承上，謂二疏辭去太子太傅、少傅之職，高歌返回故居。「餞別」二句承上，謂盡朝中之人皆來餞送，致華車塞滿道路。「離別」二句謂離別爲悲傷之事，然餘榮何足反顧？「事勝」二句承上，謂其事高潔感動行人，皆稱其賢，此豈平常之譽？意謂行人皆衷心贊嘆也。後段寫二疏歸家之生活。「厭厭」二句謂歸家後安於閭里往來問慰之樂，而所經營者皆非目前之近務也。「促席」二句承上閭里歡，謂延請故老促席飲酒，暢談往事。「問金」二句承上，謂問金終是寄心於金

（有問廣「金餘尚有幾所」者），二疏以明達之言，曉故老之未悟也。「放意」二句謂盡意享受餘年，何必憂慮身後之事？「誰云」二句結全文，爲淵明之贊語，謂誰言二疏已亡，其安貧樂道之心，久而更顯其光輝也。

淵明於二疏有所不足，故以之自況。淵明蓋志希聖賢，學期用世，而遭時不遇，遂以樂天安命終其生耳。

詠三良一首

彈冠乘通津，但懼時我疑。服勤盡歲月，常恐功愈微。忠情謬獲露，遂為君所私。
出則陪文輿，入必侍丹帷。箴規嚮已從，計議初無虧。一朝長逝後，願言同此歸。
厚恩固難忘，君命安可違。臨穴罔惟疑，投義志攸希。荊棘籠高墳，黃鳥聲正悲。
良人不可贖，泫然沾我衣。

【校記】

△「忠」情　曾本、蘇寫本云，一作中。案，忠、中古字通用。

△「初無虧」　曾本云，一作物無非。案，作初無虧是。

△「固」難忘　曾本、蘇寫本云，一作心。案，作固較勝。

△「君命」　君曾本云，一作顧。蘇寫本云，一作顧命。案，當作君命。三良許死，非穆公之顧命。

△「惟」疑　焦本作遲，曾本、蘇寫本云，一作遲。案，惟與下攸互文。惟、攸，所也。

△不「可」贖　和陶本作丁。案，作丁非。

△「沾」我衣　和陶本作霑。案，沾、霑通用。

【集評】

秦繆公以三良殉葬，詩人刺之，則繆公信有罪矣。雖然，臣之事君，猶子之事父也。以陳尊己、魏顆之事觀之，則三良亦不容無譏焉。昔之詠三良者，有王仲宣、曹子建、陶淵明、柳子厚。或曰「心亦有所施」，或曰「殺身誠獨難」，或曰「君命安可違」，或曰「死沒寧分張」，曾無一語辨其非是者，惟東坡和陶云：「殺身故有道，大節要不虧，君爲社稷死，我則同其歸。顧命有治亂，臣子得從違，魏顆眞孝愛，三良安足希。」審如是，則三良不能無罪。東坡一篇，冠絕於古今。（宋嚴有翼藝苑雌黃）

「荆棘」二語，漢人句法。

「忠情」數句，極寫君臣遇合之情。如不爾，或未必以身殉。

將寫遇合之情，起四句先作兩折，以見結主知之難。用意深曲如此，孰謂陶詩爲近？（清陳祚明評選采菽堂古詩選卷十三）

起六語愈折愈深，愈深愈危，一結主知，不得不以身殉，黃鳥之詩，所以哀且怨也（清溫汝能纂集陶詩彙評卷四）

【析論】

淵明此詩詠三良之從穆公死。詩分三段，前十、中六、後四。前段寫君臣之相得。「彈冠」四句謂三良身在仕途，常忠心耿耿，盡力事君，恐其功之不顯而時不我與。「忠情」二句承上，謂其忠情終爲穆公賞識，而爲公所寵愛。「出則」四句承上二，謂以其得愛寵，故出則陪王輿駕，入則坐侍丹帷，十分孌近。且一有諫諍，言一出穆公則從之，所獻計議從無不納者。此段欲折欲深，而見其必殉也。中段寫三良之願陪死。「一朝」二句謂穆公告三良，謂其死後願三良同死。「厚恩」二句承上，謂君之厚恩固是難忘，而君命豈可相違？「臨穴」二句又承上，謂赴義而死，本其志之所希，故臨死而無所猶疑也。後段爲淵明贊嘆之詞，皆用黃鳥詩意。「荆棘」二句謂三良死後墳墓荆棘叢生，黃鳥詩千古流傳，悲響不已。「良人」二句謂三良不可以百身相贖，我爲之泫然流涕，致沾濕衣襟。

淵明此詩贊三良之死知己，而東坡和詩評其不應從亂命，觀點不同，所論各異，皆言之成理。而詩中寫三良之見寵，反應其必死，最見風力。

詠荊軻一首

燕丹善養士，志在報强嬴。招集百夫良，歲暮得荊卿。君子死知己，提劍出燕京。素驥鳴廣陌，慷慨送我行。雄髮指危冠，猛氣衝長纓。飲餞易水上，四座列群英。漸離擊悲筑，宋意唱高聲。蕭蕭哀風逝，淡淡寒波生。商音更流涕，羽奏壯士驚。心知去不歸，且有後世名。登車何時顧，飛蓋入秦庭。凌厲越萬里，逶迤過千城。圖窮事自至，豪主正怔營。惜哉劍術疏，奇功遂不成。其人雖已沒，千載有餘情。

【校記】

△「報」强嬴　和陶本作服。案，作報是。

△「君」子　曾本、蘇寫本云，一作之。案，作君較勝。

△「衝」長纓　李本作充。案，作衝是。

△哀風「逝」　曾本、蘇寫本云，一作起。案，作逝音節較佳。

△「心」知　曾本、蘇寫本作公。案，作心較勝。

△「心知去不歸」　曾本、蘇寫本云，一作一去知不歸。案，作心知去不歸較佳。

△「其人」二句　曾本、蘇寫本、焦本云，一作斯人久已沒，千載有深情。案，作其人雖已沒，千載有餘情較長。

【集評】

淵明詩，人皆說平淡，余看他自豪放，但豪放得來不覺耳。其露出本相者，是詠荆軻一篇。平淡底人如何說得這樣言語出來。（宋朱熹朱子語類卷一百三十六）

摹寫荆軻出燕入秦，悲壯淋漓，知潯陽之隱，未嘗無意奇功，奈不逢會耳，先生心事逼露如此。（清蔣薰評陶淵明詩集卷四）

「凌厲」二句，樂府排宕法。

澹寫自有寄。（清陳祚明評選采菽堂古詩選卷十三）

寫壯士，鬚眉如畫，狀易水，蕭森之氣悽然。當時之士，輕死好名，言不及讖，蓋有意焉。（清張潮、卓爾堪、張師孔同閱曹陶謝三家詩，陶集卷四）

次敍高簡，託意深微，而章法明整。起四句言丹；「君子」六句言軻；「飲餞」八句敍事；「心知」二句頓挫，以離爲章法；「登車」六句續接敍事；「惜哉」四句入已託意作收。（清方東樹昭昧詹言卷四）

【析論】

淵明此詩詠荆軻刺秦之事，惜其功之不成。詩分三段，前四、中十六、後十。前段「燕丹」二句謂燕太子丹善待其門客，其目的在向秦王報仇。「招集」二句承上，謂其招收勇士，於晚期得到荆軻。中段寫荆軻適秦，送別時慷慨悲壯之況。「君子」二句謂荆軻抱士爲知己者死之精神，提劍出京至秦國，以報燕太子之仇。「義驥」二句謂白馬高鳴於廣陌，燕丹等人慷慨送別。「雄髮」二句極寫荆軻激動情狀。「飲餞」四句謂飲宴送別於易水之上，與坐者皆是英傑。此時高漸離擊筑，宋意高歌，其聲十分悲悽。「蕭蕭」二句寫送別時悲涼之氣氛，謂此時但覺哀風蕭蕭吹過，易水之上但見淡淡寒波。「商音」二句承上漸離二句，謂筑聲由商調提至羽調，送與被送者之心情亦由悲哀而震驚。「心知」二句謂荆軻心知此去必死，但可傳名於後世耳。後段寫荆軻入秦，刺秦王不成之情狀。「登車」二句謂荆軻登車而去，再不回顧，一直飛駛入秦。「凌厲」二句承上，謂荆軻勇往直前，飛越萬里，彎彎曲曲經過許多城市。「圖窮」四句一轉，寫荆軻之刺秦王。詩謂荆軻獻圖，圖展開至盡處，謀刺之事卽已發生，當時秦王十分驚恐。然可惜荆軻劍術不精，以致奇功遂不得成。結二爲淵明之贊嘆，謂荆軻雖死，而千載之後，其事蹟仍激動吾心也。

淵明此詩不以成敗論人，亦自傷其不能如荆軻之刺秦而討劉裕篡弑之罪也。陶詩多平淡之作，而此詩獨慷慨激昂，亦見淵明豪放之本相。詩章法明整，方東樹已言之矣。

讀山海經十三首

其一

孟夏草木長，遶屋樹扶疏。衆鳥欣有託，吾亦愛吾廬。旣耕亦已種，時還讀我書。

窮巷隔深轍，頗迴故人車。歡然酌春酒，摘我園中蔬。微雨從東來，好風與之俱。

泛覽周王傳，流觀山海圖。俯仰終宇宙，不樂復何如。

【校記】

△「亦」已種　曾本，蘇寫本云，一作且。案，亦、且義同。作亦音節較佳。

△「時」還　文選、藝文類聚作且。案，時猶卽也，與且義同。惟作時音節較佳。

△歡「然」　焦本、和陶本作言。焦本又云，一作然。案，言若作虛字，與歡然義同。作言辭之言，義亦可通。

△周王「傳」　曾本云，一作典。案，傳指穆天子傳，作傳是。

△「復」何如　曾本云，一作將。案，作復較勝。

【集評】

十三首中，初首爲總冒，末爲總結，餘皆分詠「玉臺」、「玄圃」、「丹木」，超然作俗外之想，興古帝之思。至因靑鳥而漸露在世弗樂之意，望扶木而益露幽寃難燭之嗟；於是冀王母之慰我，仗靈人之浴日，緒多端矣。又雜思夫珠樹桂林之供遊玩，重羨王母；赤泉員丘之供食飮，添助長年；心愈奢，望毋乃愈孤乎？顧不可滿，世不可爲，然後特舉夸父，令擔當世事，矢志社稷，有如夸父其人者，功縱不就於生前，亦留於身後矣。精衞也，刑天也，是皆有其志者也。嗟夫！世人之不及久矣，但有作惡違帝之欽䲹而已。鵕鶚雙指䲹與鼓，而違帝專係之䲹者，䲹爲鼓之臣，鼓思妄殺，䲹當諫止，乃佐惡焉，故罪專歸鼓也。佐惡之奸臣愈多，賢者愈無所容，鵕且日見，而士日放，云如之何！此元亮讀書之血淚次第也。再拈重華之佐堯，賢得舉而惡得退；桓公于仲父臨卒之言，賢不聽舉，惡不聽退，自貽蟲尸之慘，蓋從晉室所由式微之故寄恨於此，以爲讀山海之殿，使後人尋繹卒章，則知引援故實以寄慨世，非侈異聞也。（明黃文煥陶詩析義卷四）

淡雅疏放，於題不泥不遠，的是第一首法。（清張潮、卓爾堪、張師孔同閱曹陶謝三家詩陶集卷四）

第一首初寫良辰，次寫好友，以陪起異書。試想處此景界，其樂何如。結出一「樂」字，是一首眼目。（清吳菘論陶）

起首兩句爲興，有物各得所意。泛言讀書，就淺景寫得入妙，大約以倘來得趣，切到本題。俯仰生感，是起手作法，領起下數章來。（清孫人龍纂輯陶公詩評註初學讀本卷二）

此篇是淵明偶有所得，自然流出，所謂不見斧鑿痕也。大約詩之妙以自然爲造極。陶詩率近自然，而此首更令人不可思議，神妙極矣。（清溫汝能纂集陶詩彙評卷四）

【析論】

淵明此詩寫閒居讀書之趣，優游自適之樂也。並爲讀山海經十三首之小引。詩分三段，前六、中四、後六。前段「孟夏」二句點明時序，謂孟夏草木滋長，繞屋敷布，婆娑有致。三句承樹扶疏來，如是衆鳥以此爲居，欣有所託。此乃詩人移情於鳥，欣會其有託之意。四句由鳥之欣其有託，推之於鳥愛其居而我亦愛吾廬。此可見淵明萬化一體之心懷。「既耕」二句則謂當此孟夏，耕種已畢，頗多閒暇，不免時時讀書消夏。中段縱開，不寫所讀何書，而寫所居之地。「窮巷」二句謂家居窮巷，雖無貴人造訪，然時有故人見過，亦頗足樂。「歡然」二句承上意，謂每當故人見過，輒爲摘蔬園中，春酒相待，歡然盡酌。後段合到讀書，「微雨」二句先遙承孟夏寫景，謂微雨東來，好風偕至，助我佳興，自然妙景，皆入我懷。此聯借自然景物寫胸中氣象，極見神韻。「汎覽」「流觀」二詞信手拈來，有無適不可之意。而所讀乃神仙幻化，渺冥虛無之書，更顯其超逸。結二言如此以終宇宙足矣，不樂何如？全首觀物觀我，情境交融，一片天機。

其二

玉臺凌霞秀，王母怡妙顏。天地共俱生，不知幾何年。靈化無窮已，館宇非一山。
高酣發新謠，寧效俗中言。

【校記】

△「玉臺」　玉和陶本作王。臺曾本、蘇寫本作堂。注，一作臺。焦本云，一作堂，非。案，王乃玉之壞字。作玉臺與下凌霞較切。

△「王」母　和陶本作生。案，作生誤。

△「怡」妙顏　曾本、蘇寫本云，一作積。案，作怡是。

【集評】

以王母與俗中人衡耶，相去固遠，何俟言。公自不同俗中人耳。三四言高，五六言大，並能極寫。（清陳祚明評選采菽堂古詩選卷十四）

公滿肚嫉俗之意，却借世外語以發之，寄託深遠。末句煞出眼目。（清吳瞻泰輯陶詩彙註卷四）

【析論】

淵明此詩藉山海經中「玉台」事，寫方外之想。首句寫王母居處，凌於彩霞之上，高不可攀。二句寫王母妙相天成，容顏和怡。三四謂其年歲與天地共生，不知幾何年也。首句寫居處之高迥，三四則寫時間之無限，皆異於世俗。五句寫其神力無邊，靈化無窮。六句承上句來，謂其館宇非爲一山。結二用穆天子傳：「西王母宴穆王於瑤池之上，爲天子謠」之典，謂於高酣之時，發爲新謠，不似俗言汚濁，正與王母身分相應。末二句意含諷刺，見其對現實俗人之不滿，益引發其對神道境界之嚮往。正所謂「借世外語發之，寄託深遠」也。（吳瞻泰輯陶詩彙注卷四語）

其三

迢遞槐江嶺，是謂玄圃丘。西南望崑墟，光氣難與儔。亭亭明玕照，落落清瑤流。
恨不及周穆，託乘一來游。

【校記】

△「槐」江　曾本、蘇寫本云，一作槵。和陶本云，一作淮。案，據山海經·西山經，當作槐江。

△崑「墟」　曾本、蘇寫本云，一作崙。焦本云，一作崙，非。案，據西山經宜作崑崙。然作墟較能與下句光氣難與儔配合。

【集評】

愴然於易代之後，有不堪措足之悲焉。題是讀山海經，詩兼「汎覽周王傳」，故此因穆傳有銘跡於玄圃之上，遂併及之，與上首發新謠，皆因穆傳山川白云謠語點綴，篇法迴顧不漏。（明黃文煥陶詩析義卷四）

總是遺世之志。（清陳祚明采菽堂古詩選卷十四）

【析論】

淵明此詩嘆不得游帝鄉也。詩分二段，前六全用山海經語，寫仙境；末二用穆天子語，抒懷。通篇用典，與陶他作相異。結「恨不及周穆，託乘一來游」，其寓意有二：一則謂恨不生於周王之世，得與遊帝鄉，此其淺者；一則不滿於世，而思爲遠引，此其深者也。

其四

丹木生何許，迺在峚山陽。黃花復朱實，食之壽命長。白玉凝素液，瑾瑜發奇光。
豈伊君子寶，見重我軒黃。

【校記】

△「峚」山　李本、焦本作峚。李本注，音密。他本作密。案，作峚是。

△白「玉」　和陶本作王。案，作王非。

△「奇」光　曾本云，一作其。案，素液、奇光對言，作奇是。

△軒「黃」　曾本、蘇寫本云，一作皇。案，作皇非。

【集評】

調甚高古，吾愛吾寶耳！（清陳祚明評選采菽堂古詩選卷十四）

三章思與周穆同遊，此則思爲服食不死，以友黃帝。語皆幻妙，思路絕而風雲通矣。（清邱嘉穗東山草堂陶詩箋卷四）

【析論】

淵明此詩亦全用山海經故事，旨在思爲服食不死，以友黃帝。起二設問，丹木生於何處，則答以在峚山之陽，三四承上丹木，謂此木黃花朱實，食之可以長命。五六撇開丹木，專寫峚山，謂此山產白玉、瑾瑜。白玉可生玉膏，黃帝以之爲食；瑾瑜爲良玉，服之可禦不祥，皆奇珍異寶。七八總結前六，謂凡此種種，豈止爲君子所寶，實爲軒黃之所重也。

其五

翩翩三青鳥，毛色奇可憐。朝為王母使，暮歸三危山。我欲因此鳥，具向王母言。

在世無所須，唯酒與長年。

【校記】

△「奇」可憐　曾本、蘇寫本、焦本云，一作甚。案，作奇義較長。

△暮「歸」　和陶本作登。案，作歸較勝。

△「具」向　曾本云，一作期，又作且。蘇寫本云，一作且。案，作且爲具之壞字。作期蓋具誤爲其，再誤爲期。

△無所「須」　曾本云，一作願。案，願、須義近。

△「唯酒與長年」　曾本、蘇寫本云，一作唯願此長年。案，作唯酒與長年義較長。

【集評】

放浪。太白每效之。酒以忘憂，長命欲何俟耶？抑自有所以壽者。（清陳祚明評選采菽堂古詩選卷十四）

人世長飲酒，與享長年，何用別求神仙。以放筆寫諧趣，其襟懷慨可想見。（清溫汝能纂集陶詩彙評卷四）

【析論】

淵明此詩分兩段，起四寫青鳥，謂翩翩三青鳥，毛色奇麗可愛，朝爲王母使役，暮則歸三危山居處。後四則承前所言，發爲奇想，欲因青鳥，以告王母云：在世所須者，唯酒與長年耳，其餘不足道。但求酒與長年者，實寓憤懣之心，非眞欲如是。言近旨遠，工於立言。

其六

逍遙蕪皐上，杳然望扶木。洪柯百萬尋，森散覆暘谷。靈人侍丹池，朝朝爲日浴。神景一登天，何幽不見燭。

【校記】

△「侍」丹池　曾本、蘇寫本云，一作待。案，侍、待古字通用。王叔岷先生有說。

△神「景」　曾本云，一作願。案，作願非。神景指日。

【集評】

無如長夜漫漫何也。（淸陳祚明評選采菽堂古詩選卷十四）

第六首「神景一登天，何幽不見燭」，「見眼曰消」四字堪爲此註脚。夔震謂「良辰詎可待」二語，顯然易代之悲，信然；吾於此二語亦云。蓋「神景一登天」，猶有冀也；「良辰詎可待」，無復望也。二首正可參看。（淸吳菘論陶）

【析論】

淵明此詩借山海經事，寄望神景登天，而照天下之意。「逍遙」二句謂相羊於蕪皐之上，遠望暘谷之扶木，見其枝榦高偉，密布暘谷中。「靈人」二句謂其處有女子名羲和，侍於丹池，朝朝爲日浴。結二承前二來，謂白日浴畢，舒其靈光於天，則幽隱皆照，萬物溥受其利。此詩借日以思聖君御宇，一統天下，而傷晉室之亡於宋，隱含易代之悲。然神景一語，猶有所冀也。

其七

粲粲三株樹，寄生赤水陰。亭亭凌風桂，八榦共成林。靈鳳撫雲舞，神鸞調玉音。雖非世上寶，爰得王母心。

【校記】

△雲「舞」　初學記作儀。案，作儀非。

△「調」玉音　初學記作垂。案，作調是。

△世上「寶」　初學記作實。案，作實乃形誤。

△王「母」　曾本云，一作子。案，作母是。

【集評】

夫世上寶安能得王母心哉！（清陳祚明評選采菽堂古詩選卷十四）

翻駁，總見遺世意。（清孫人龍纂輯陶公詩評註初學讀本卷二）

【析論】

淵明詩借王母之所寶，寄其遺世之情。「粲粲」四句寫仙樹。謂三株之樹，其葉粲粲，寄生赤水之陰。桂樹亭亭，凌風而立，八幹成林。五六兩句寫仙境，謂軒轅國北，諸天之野，鸞鳥自歌，鳳鳥自舞。此皆仙境之景物，故結二總謂雖非世上之寶，乃得王母仙人之心也。

淵明此詩著力於寫仙境，以寄其遺世之情，語甚典麗。

其八

自古皆有沒，何人得靈長。不死復不老，萬歲如平常。赤泉給我飲，員丘足我糧。方與三辰游，壽老豈渠央。

【校記】

△有「沒」　和陶本作歿。案，沒、歿古字通用。

△「何人得」　曾本、蘇寫本云，一作河氏獨。案，作河氏獨誤。

△員「丘」　焦本作兵。案，作兵非。

△壽「考」　曾本云，一作老。案，考猶老也，惟此當作考。

【集評】

兀然而來，甚奇。

自古有沒，富貴何足耽。抑自有所以壽者。（淸陳祚明選采菽堂古詩選卷十四）

人豈有不死者，惟有壽世之術可以長恃；然縱至於不死不老，以至萬歲，不異平常，則神仙亦屬尋常耳，何足貴哉！句有妙語。（清溫汝能纂集陶詩彙評卷四）

【析論】

淵明此詩寄神仙出世之想。「自古」二句謂人皆有死，自古以來，何人能得神妙之長生？「不死」二句承上，言生死之事，而意有轉折，謂人若不死不老，則萬歲長年，亦屬尋常矣。「赤泉」四句換意，謂若得赤泉之水以飲，員丘之樹以食，則可不死不老。如此與日月星辰同游，年歲焉得盡乎？反應首二作結。

此詩先言無人能長生，再言苟能長生，則萬歲亦爲平常之事，然後轉出得仙境之飲食，則可長生之狀，分三層轉進，先反後正。

其九

夸父誕宏志，乃與日競走。俱至虞淵下，似若無勝負。神力既殊妙，傾河焉足有。

餘迹寄鄧林，功竟在身後。

【校記】

△虞「淵」　曾本云，一作泉。案，大荒北經：大荒之中，有山名曰成都。有人名曰夸父，不量力，欲追日景，逮之於禺谷。將飲河而不足也，將走大澤，未至，死於此。注：禺淵，日所入也。今作虞。案，淵猶泉也，此當作淵。

【集評】

寓意甚遠甚大。天下忠臣義士，及身之時，事或有所不能濟，而其志其功足留萬古者，皆夸父之類，非俗人目論所能知也。胸中饒有幽憤。（明黃文煥陶詩析義卷四）

身後亦何功，此志不泯，即其功也夫！（清陳祚明評選采菽堂古詩選卷十四）

此蓋笑宋武垂暮舉事，急圖禪代，而志欲無厭，究其統緒所貽，不過一隅之蔭而已。乃反言若正也。（清陶澍集註靖節先生集卷四）

【析論】

淵明此詩借夸父逐日事，以寫胸中幽憤。「夸父」四句寫夸父不自量力，立志與日逐走，至於虞淵，渴飲於河，不足，北飲大澤，未至，道渴而死，棄其杖，化爲鄧林。以其渴死，非力不足而志不酬，故曰「似若無勝負」。「神力」二句亦寄遺憾之意。結二謂其杖化爲鄧林，至今存焉，雖其生前志不酬，然後人睹此鄧林，益感其志不泯，而其志其功竟得以留千古，故曰「功竟在身後」。

其十

精衛銜微木，將以填滄海。刑天舞干戚，猛志故常在。同物既無慮，化去不復悔。
徒設在昔心，良晨詎可待。

【校記】

△微「木」 蘇寫本、和陶本作石。案，北山經：常銜西山之木石，以堙於東海。是作木、石皆可。惟作木音節較佳

△「刑天舞」 李本、焦本作刑天舞。他本作形夭無。

△「干戚」 曾本、蘇寫本、和陶本千歲。案，海外西經：形天與帝爭神，帝斷其首，葬之常羊之山，乃以乳爲目，以臍爲口，操千戚以舞。袁珂辨之曰：查影宋本御覽，卷五七四、三七一固作形夭，卷五五五則作邢天，卷八八七作刑夭，鮑崇城校本卷五五五作刑天，今本陶靖節集讀山海經詩亦作刑天，依義刑天長於形夭。天、甲骨文作□，金文作□，口與□均象人首，義爲顚爲頂，刑天蓋卽斷首之意。意此刑天者，初本無名天神，斷首之後，始名之爲「刑天。」或作形夭，義爲形體夭殘，亦通。惟作形夭、刑夭則不可通。（山海經校注頁二一四、里仁版）案，作刑天舞干戚較生動，較能表出猛志故常在之意態。

△「不復」 曾本、蘇寫本云，一作何復。案，作不復義較肯定。

△不復「悔」 和陶本作梅。案，作梅誤。

△徒「設」 曾本云，一作役，又作使。蘇寫本云，一作役。案，設猶存也。作役、使並非。

【集評】

設心將若何，豈詠山海經耶！然固已無晨焉，已矣！（清陳祚明采菽堂古詩選卷十四）

顯悲異代，心事畢露。（清孫人龍纂輯陶公詩評註初學讀本卷二）

翁同龢曰：以精衛、刑天自喻，其曰「亘猾肆威暴」，蓋痛斥劉裕也。（清姚培謙編陶謝詩集卷四眉批）

【析論】

淵明詩合精衛、刑天自喻，以寄憤寫志。「精衛」二句用炎帝少女，遊於東海，溺而不返，化爲精衛，常銜西山之木石以堙於東海之事。「刑天」二句用刑天與帝爭神，帝斷其首，尚操干戚而舞之事。「同物」二句承上意，謂精衛刑天雖化爲物，而其志常在，無慮無悔。結二承上六句，謂精衛、刑天徒存昔日猛志，而償願之時日，何時能得？蓋海未必可塡，舞未足終勝，死後無裨生前，虛願難當實事，時與志相違，是以言「昔心徒設」「良晨難待」也。淵明此詩寫異代之悲，心事畢露。

其十一

臣危肆威暴，欽駓違帝旨。窫窳强能變，祖江遂獨死。明明上天鑒，爲惡不可履。
長枯固已劇，鵕鶚豈足恃。

【校記】

△「臣危」　各本作亘猾。和陶本云，一作巨危。曾本、蘇寫本於猾字下注云，一作危。和陶本同。案，海內西經：貳負之臣曰危，危與貳負殺窫窳。帝乃梏之疏屬之山，桎其右足，反縛兩手與髮，繫之山上木。據此，當作臣危。臣作亘、巨，乃形近而誤。危作猾因雙聲而誤。

△「欽駓」　和陶本云，一作飲鴸。案，作飲鴸非。

△鵕「鶚」　曾本、蘇寫本、和陶本並作鵔。注云，一作鷄鶚。案，據西山經當作鵕鶚。

△「豈」足恃　和陶本作安。案，兩可。

【集評】

不可如何，以筆誅之，今茲不然。以古徵之，人事既非，以天臨之。（清陳祚明評選采菽堂古詩選卷十四）

此篇蓋比劉裕篡弒之惡也。終亦必亡而已矣。蕭統評其文曰：「語時事，則指而可想。」非此類歟？（清邱嘉穗東山草堂陶詩箋卷四）

末四句援上天以警惡人，是極憤語，亦是無聊語。（清溫汝能纂集陶詩彙評卷四）

【析論】

淵明此詩寫爲惡者終將爲上天所罰。喻劉裕篡弒之惡，終亦必亡。前四敘事，後四論斷。首句謂貳負與其臣曰危，殺窫窳，帝乃梏之於疏屬之山，故曰臣危肆威暴。欽駓句謂鍾山神之子鼓，與欽駓殺祖江於崑崙之陽，帝乃戮之，欽駓化爲鶚，鼓化爲鵕。故曰欽駓違帝旨。窫窳句承首句來，謂窫窳本蛇身人面，既爲貳負所殺，復化爲龍首，居弱水中，受屈又復能變，其強猶足以自存。祖江句承三句來，謂祖江死後，獨無聞焉，故曰獨死。「明明」二句承前四來，謂上天昭明照鑑，爲惡必遭梏戮，以明爲惡之報，故爲惡不可履。結二更爲翻駁，謂使被帝戮而長枯不得復生，因爲罰之劇，卽化鵕鶚亦豈堪恃乎？是善惡之名殊，生死又不足論矣。

淵明此詩前四敘事，中二小結，結二更進一層翻駁，格奇。

其十二

鴟鴸見城邑，其國有放士。念彼懷王世，當時數來止。青丘有奇鳥，自言獨見爾。本為迷者生，不以喻君子。

【校記】

△「鴟鴸」 鴟，曾本、蘇寫本作鵃。和陶本作鵬。李本、焦本云，當作鴟鴸。曾本、蘇寫本云，一作鳴鵲。案，南山經：柜山……有鳥焉，其狀如鴟而人手，其音如痺，其名曰鴸，其名自號也，見則其縣多放士。據此當作鴟鴸。鴸之作鵃，蓋由音誤。鵝則鴟之形誤。

△念「彼」 曾本云，一作昔。案，兩可。

△懷「王」 和陶本作玉。案，作玉非。

△懷王「世」 曾本云，一作母。案，作母非。

△「當時」 曾本云，一作亦得。案，念彼、當時對言，作當時是。

△「念彼」二句，蘇寫本云，一云念彼懷王時，亦得數來止。

△「自」言 和陶本作目。案，目乃自之懷字。

△獨見「爾」 和陶本作理。注，一作爾。曾本、蘇寫本云，一作理。案，爾與耳同。作理，恐後人不得此句之義而改。

△「不」以　和陶本作欲。案，作欲非。句謂本爲迷者而生，而不以曉悟迷惑之主如楚懷王者，何哉！

【集評】

此意極曲。君子，非放士也。達者不達，故須覺之。見放士，高君子，非以爲高，卽長往之旨，定知是遠。（清陳祚明評選采菽堂古詩選卷十四）

詩意蓋言屈原被放，由懷王之迷；青丘奇鳥，本爲迷者而生。何但見鴟鴸，不見此鳥，遂終迷不悟乎！寄慨無窮。（清陶澍集註靖節先生集卷四）

【析論】

淵明此詩刺執政者。首二謂鴟鴸現（案：考諸山海經，鵃鵝當是鴟鴟之誤），則其國多放逐之士。「念彼」二句謂憶彼楚懷王之世，此鳥當數來止息，謂屈原之放逐也。此二句當是淵明讀山海經，至「鴟鴸現，其國多放士」，因發此思，設想奇絕。後四翻轉，「青丘」二句謂青丘之鳥，自言不惑。結二承前來，謂此鳥本爲迷惑者而生，而不以曉悟迷惑之主如楚懷王者，何哉？

淵明以鴟鴸、青丘之鳥合拈，似不相接，而實有深意。蓋淵明感執政之惑，雖無鴟鴸來止，而國亦有放士之實，故深嘆青丘之鳥何不一解執政之惑。

其十三

巖巖顯朝市，常者慎用才。何以廢共鯀，重華為之來。仲父獻誠言，姜公乃見猜。

臨沒告飢渴，當復何及哉，

【校記】

△「巖巖」曾本、蘇寫本、和陶本云，一作悠悠。案，作巖是。巖巖，高大嚴峻貌。

△「愼」用才　曾本、蘇寫本云，一作善。案，作愼義較長。

△「廢」共鯀　和陶本作放。案，廢，放義同。

△仲「父」　蘇寫本作文。曾本云，一作文。案，文乃父之形誤。

【集評】

第十三首從十二首生出。重華乃千古不惑之君子，故能用才去讒；姜公反是，遂至飢渴無及，以終上章之意。案此數首，皆寓篡弒之事。（清吳菘論陶）

此於經外論文以作結，乃知前之皆爲慨世，非多異聞也。（清孫人龍纂輯陶公詩評註初學讀本卷二）

【析論】

淵明此詩寫爲君者不愼用才，必遺大患。首二謂帝王高顯朝市之上，當愼用人才，以理國治民。「何以」二句舉一例，以爲愼才作解，謂舜以共鯀不賢，故流共工於幽州，殛鯀於羽山，而朝大治，此舜之所爲也。後四則舉不愼用才之例，以爲必貽大患。「仲父」二句謂管仲將死，桓公問教，仲告以遠易牙等，及逐易牙等，而事不諧，疑仲之言，遂復之。「臨沒」二句謂及易牙等作難，圍桓公一室不得出，公告婦人飢渴不得飲食，婦人告以易牙等分齊國，塗已十日不通，公乃援素幭裹首而絕，雖悔莫及，後四亦感王、桓、劉之篡弒而言。

題曰讀山海經，而不以山海經結，歸於國君用才之道，亦有感於時事，用心良苦，垂戒深遠。

擬挽歌辭三首

其一

有生必有死，早終非命促。昨暮同為人，今旦在鬼錄，魂氣散何之，枯形寄空木。

嬌兒索父啼，良友撫我哭。得失不復知，是非安能覺。千秋萬歲後，誰知榮與辱。

但恨在世時，飲酒不得足。

【校記】

△詩題諸本作擬挽歌辭。文選引第三首，作挽歌詩。樂府詩集作挽歌。

△「在」鬼錄　曾本云，一作作。案，在、作兩可，作在勝。

△魂「氣」　曾本、蘇寫本云，一作魄。

△索父「啼」　御覽作號。案，作啼佳。

△「撫」我哭　樂府詩集作拊。案，拊、撫古今字。

△「不得足」　曾本、蘇寫本云，一作常不足。樂府詩集作恒不足。案，恒常義同。作不得足義較勝。

其二

在昔無酒飲，今但湛空觴。春醪生浮蟻，何時更能嘗。肴案盈我前，親舊哭我傍。欲語口無音，欲視眼無光。昔在高堂寢，今宿荒草鄉。荒草無人眠，極視正茫茫。一朝出門去，歸來良未央。

【校記】

△「今但」　焦本作旦。注云，宋本旦，一作但，非。曾本云，一作旦。樂府詩集云，一作但恨。案，旦，疑但之壞字。但猶徒也。今但作但恨，義不相屬，恐是涉上「但恨在世時」句而誤。

△「更」能嘗　曾本，蘇寫本云，一作復。案，更、復兩可，作更字較佳。

△「盈」我前　樂府詩集云，一作列。案，盈、列兩可，作盈與前湛字相應。

△親「舊」　樂府詩集作戚。注云，一作舊。案，作舊是。陶公習作親舊，如「親舊不遺。」（與子儼等疏）；「親舊知其如此。」（五柳先生傳）；「直爲親舊故。」（和劉柴桑）

△「荒草無人眠，極視正茫茫。」 各本無此二句，樂府詩集有。李本、曾本、蘇寫本云，一本有荒草無人眠，極視江茫茫二句。曾本、蘇寫本又云，極又作直。案，二句與下首「荒草何茫茫」、「四面無人居」句意複，宜刪。

△出門「去」 曾本云，一作易。案，作去是。

△歸「來」樂府詩集作家。注云，一作來。案、來、家兩可，作來較勝。

△「良」未央 李本、焦本作夜。曾本、蘇寫本作良。案，作夜義不可解，作良是。二句謂一旦死去，則歸來無期也。

其三

荒草何茫茫，白楊亦蕭蕭。嚴霜九月中，送我出遠郊。四面無人居，高墳正嶕嶢。
馬為仰天鳴，風為自蕭條。幽室一已閉，千年不復朝。千年不復朝，賢達無奈何。
向來相送人，各自還其家。親戚或餘悲，他人亦已歌。死去何所道，託體同山阿。

【校記】

△「出」遠郊，曾本云，一作來。案，出、來兩可，作出較勝。

△「馬爲仰天鳴」 樂府詩集作鳥爲動哀鳴。注，一作馬爲仰天鳴。

△風「爲」 御覽作日。

△「馬爲」二句　曾本云，一曰鳥爲動哀鳴，林爲結風飈。蘇寫本、焦寫本同。案，作「馬爲仰天鳴，風爲自蕭條」，「鳥爲動哀鳴，林爲結風飈」，兩可。

△各「自」　文選已。曾本、蘇寫本云，一作已。樂府詩集作以。注，一作已。初學記作亦，御覽同。案，以猶已也。作已、亦並與下「亦已歌」字複，故以作自爲宜。

△「還」其家　文選、御覽並作歸。案，作還好。

【集評】

只是淺語，但以自挽爲奇耳。說得自自在在，不落哀境，是達死生語，如此方合自挽歌。（無名氏批註選詩補註卷五）

靖節詩極含蓄，亦有直言無隱，無微不到痛快之作。（清張潮、卓爾堪、張師孔同閱曹陶謝三家詩陶集卷四）

首篇乍死而殮，次篇奠而出殯，三篇送而葬之，次第秩然。（清邱嘉穗東山草堂陶詩箋卷四）

三篇中末篇尤調高響絕，千百世下如聞其聲，如見其情也。孫氏乃云只是淺語，但以自輓爲奇。豈知以淺語寫深思，更耐人咀味不盡爾。且叠句每易流於輕剽，看其「千年不復朝，賢達將奈何」二語，幽悽俯仰欲絕。周青輪謂其叠語一句更慘，良然。孫氏反取其自在，又云「不落哀境」甚矣，說詩之難也。（清溫汝龍纂集陶詩彙評卷四）

【析論】

此淵明自挽歌辭也。自來多以爲淵明將逝之作。然恐不然，題曰擬，已透露消息。且晉人喜爲挽歌辭，此乃一時習尙。淵明曠達，易簀之前，恐反不屑作此。詩分三章。

首章寫殮時事。首四言死歸生寄，本自無常，昨慶同生，今或悲分陰陽。三、四句說得突兀，令人警醒。「魂氣」二句承上鬼錄，點清就木。「嬌兒」二句一轉，寫親舊之悲，剔出下四得失、是非、榮辱皆不知覺。得失是非就現在說，榮辱就身後說，便不板，亦進一層。結二以恨少飲酒收住，悲中帶趣，引出下章。

二章寫祭時事。首二承上飲酒，以今昔作比，正所以顯悲。下六說祭時有酒難嘗，輕帶肴案，亦以親舊之哭，剔出言視不能，最是無奈。後四遞落出葬，又引下章。一朝死去，歸來無期，此有限生命之無可奈何處，正是深悲。

三章寫葬時事，首二頂上章荒草，寫林墓之景。錘鍊精工，令人讀之，心魂警動。三四點清時序，五六放觀，中寫遠郊，七八以馬、風擬人，若爲此事而悲者。幽室四句結前，言幽室一閉，天人永隔，千載不復朝面矣。此事卽賢達亦無可如何，悲矣。後六收束。向來二句寫送葬之人歸家，反映己有家歸不得也。「向來」句應前「送我」句。「親戚」二句只就人情近處指點出自此以後，再無復有人理論。二句好在或亦二字，他人已歌，卽親戚亦在或然之間，只得未歸之前，片時之哭耳。夫幽室之閉，悠悠千年，以送者片時三哭校之，濟得何事？眞可痛也。末二句以曠達語作結。此詩層層轉進，章法細密。寫死去之悲，令人有千古同然之慨。

桃花源詩一首

嬴氏亂天紀，賢者避其世。黃綺之商山，伊人亦云逝。往迹浸復湮，來逕遂蕪廢。
相命肆農耕，日入從所憩。桑竹垂餘蔭，菽稷隨時藝。春蠶收長絲，秋熟靡王稅。
荒路曖交通，雞犬互鳴吠。俎豆猶古法，衣裳無新製。童孺縱行歌，斑白歡遊詣。
草榮識節和，木衰知風厲。雖無紀曆誌，四時自成歲。怡然有餘樂，于何勞智慧。
奇蹤隱五百，一朝敞神界。淳薄既異源，旋復還幽蔽。借問游方士，焉測塵囂外。
願言躡輕風，高舉尋吾契。

【校記】

△案，有桃花源記一首，文長不具錄。

△「長」絲 曾本云，一作良。案，廣雅釋詁四：良，長也。

△「遊」詣 曾本、蘇寫本云，一作迎。案，兩可。

△「敞」神界 和陶本作敞。案，作敞非。

△幽「蔽」 曾本，焦本云，一作閉。案，蔽、閉同義。

△「塵囂外」　曾本云，一作塵外地。蘇寫本云，宋本作塵外地。案，作塵囂外較佳。

【集評】

世傳桃源事，多過其實。考淵明所記，止言先世避秦亂來此，則漁人所見，似是其子孫，非秦人不死者也。又云殺鷄作食，豈有仙而殺者乎？舊說南陽有菊水，水甘而芳，民居三十餘家，飲其水皆壽，或至百二三歲。蜀青城山老人村，有見五世孫者，道極險遠，生不識鹽醯，而溪中多枸杞，龍蛇，飲其水故壽。近歲道稍通，漸能致五味，而壽益衰。桃源蓋此比也歟？使武陵太守得而至焉，則已化爲爭奪之場久矣。嘗意天壤之間若此者甚衆，不獨桃源。余在潁州，夢至一官府，人物與俗間無異，而山川清遠，有足樂者。顧視堂上，榜曰「仇池」。覺而念之，仇池武都氏故地，楊難當所保，余何爲居之？明日以問客，客有趙令時德麟者，曰：「公何爲問此？此乃福地，小有洞天之附庸也。杜子美蓋云『萬古仇池穴，潛通小有天，神魚人不見，福地語眞傳。近接西南境，長懷十九泉，何時一茅屋，送老白雲邊』。」他日，工部侍郎王欽臣仲至謂余曰：「吾嘗奉使過仇池，有九十九泉，萬山環之，可以避世如桃源也。」（宋蘇軾蘇文忠公詩集卷四十三和桃源詩序）

起借黃、綺作證，生一姿態，使若實有此事。然中段極力摹寫，境地不恆，總不欲似俗中耳。「桑竹」十句，字字生動，「草榮」四句有作意，「怡然」二句見本懷，深嫉智詐也。（清陳祚明評選采菽堂古詩選卷十三）

公罷彭澤令，歸賦此辭，高風逸調，晉宋罕有其比。蓋心無一累，萬象俱空，田園足樂，眞有實地受用處，非深於道者不能。

桃源人要自與塵俗相去萬里，不必問其爲仙爲隱。靖節當晉衰亂時，超然有高舉之思，故作記以寓志，亦歸去來辭之意也。（清吳楚材、吳調侯選古文觀止卷七）

設想甚奇，直於汚濁世界中另闢一天地，使人神遊於黃、農之代。公蓋厭塵網而慕淳風，故嘗自命爲無懷、葛天之民，而此記卽其寄託之意。如必求其人與地之所在而實之，則鑿矣。（清邱嘉穗東山草堂陶詩箋卷五）

【析論】

淵明此詩紀桃花源之情景，並致己之嚮往。詩分三段，前六、中十八、後八。前段「嬴氏」二句謂秦始皇暴虐無道，擾亂天下秩序，當時賢能之人皆逃避始皇之統治而隱居。「黃綺」二句承上，謂黃、綺等四賢避秦去商山之時，桃源中人亦離秦世而去。「往跡」二句謂日久，桃源人來時之蹤跡模糊湮沒，而來桃源之路徑亦已荒蕪。中段寫桃源之生活情景。「相命」二句謂桃源中人互相督促，努力耕種，日落卽各自返家休息。「桑竹」二句承上肆農耕，謂桑竹繁茂，五穀依季節及時種植。「春蠶」二句接謂春天經營蠶桑，卽可收得繭絲，而秋天收成不必繳納賦稅。「荒路」二句謂荒路草木掩蔽，有礙交往；而雞犬時互相鳴呼。「俎豆」二句謂禮法衣裳皆保持先秦古風。「童孺」二句謂兒童任情歌唱，老人則歡於往來問候。以上皆寫桃源耕作往來之情景。「草榮」二句一轉，謂因草木之榮枯而知季節之變換。「雖無」二句承上二，謂雖無歲曆之推算記載，四季終了自成一年。「怡然」二句總承上述，謂如此簡樸之生活滿足而有餘樂，何處得用巧智？後段寫桃源之敞而復蔽，並志己嚮往之心。「奇蹤」二句謂桃源人避世之奇跡一隱五百年，至劉子驥而一旦顯其神仙之境。「淳薄」二句承上轉意，謂桃源與世俗風俗淳厚澆薄各異，故其一顯隨即深蔽。「借問」二句一轉，謂，謂世人焉可測知塵世以外之事？「願言」二句謂我願駕輕風，高飛尋找與我志趣相契之人。

淵明所寫之桃源乃理想之人境，初無神仙方外之思，而世人多論桃源之有無及其所在，實乃多餘，亦未能識淵明之眞心。

陶學研究書目稿

凡例

一、本書目擬爲古今研究陶學之撰述，作一較具系統之記錄。
二、本書目將陶學之相關著作，區分爲傳記、作品與一般參考資料三大類。
三、傳記類所錄，包含正史本傳及各家編撰之傳記與年譜，以學術性者爲主，通俗性之著作兼亦採入。年譜資料，係參考王德毅先生所編中國歷代名人年譜總目，頁二十五至二十六。（民國六十八年臺北華世出版社排印本）
四、作品類分白文與箋注評選兩項：
㈠陶集版本極繁，本書目白文之屬，僅選錄收錄七種，以通行易得爲原則。如欲瞭解國內收藏及印行之各種陶集版本，則請參閱：
1.臺灣公藏善本書目書名索引，民國六十年國立中央圖書館編印。
2.臺灣公藏普通本線裝書書名索引，民國七十一年國立中央圖書館編印。

3.中國歷代詩文別集聯合書目第一輯，王民信主編，民國七十年臺北聯經出版公司排印本。

㈡箋注評選之屬，則於歷代整理陶集之著作，廣收博採，冀能藉此啟示陶學研究之門徑，亦可對古今研究陶學之概況，獲充分之認識。其書如坊間有刋行者，儘就知見所及，詳加注明，以便索求。

五、傳記與作品兩大類所列書目，乃直接與陶學有關之專著。而古來一般性與陶有關之資料亦不下數百種，今舉其重要而較易得者，略注其作者與出版者，用供參考。

陶學研究書目稿

一、傳　記

1. 晉書，卷九十四，隱逸傳。
2. 宋書，卷九十三，隱逸傳。
3. 南史，卷七十五，隱逸傳。
4. 陶徵士誄，劉宋・顏延之撰，全宋文，卷三十八。
5. 陶淵明傳，梁・蕭統撰，全梁文，卷三十。
6. 陶淵明年譜一卷，宋・吳仁傑編，宋紹興十年刋陶淵明集本；明萬曆四十七年楊時偉刋陶靖節集本；雲南叢書陶詩彙註。（案：宋張縯撰有陶靖節年譜辨正，附於蜀本陶靖節文集。見陳振孫直齋書錄解題卷十六及陸游謂南文集卷三十跋陶靖節文集。書已佚。）
7. 栗里年譜一卷，宋・王質編，十萬卷樓叢書本紹陶錄內；雲南叢書本陶詩彙註附；劉師培編歷代名人年譜大成收。
8. 晉陶靖節年譜一卷，清・丁晏編，頤志齋叢書本；頤志齋四譜本。

9. 靖節先生年譜考異一卷，清・陶澍編，靖節集附刊，清光緒九年江蘇書局刊本；四部備要本；國學基本叢書本。

10. 陶徵士年譜一卷，清・楊希閔編；豫章先賢九家年譜本；十五家年譜叢書本。

11. 陶淵明年譜，梁啟超編，飲冰室專集之九十六，民國二十五年中華書局排印本；商務印書館排印國學小叢書本陶淵明附；人人文庫第九二四號。（是譜考證生於三七二年。）

12. 陶靖節年譜一卷，古直編，層冰草堂叢書本；隅樓叢書本；中華書局排印本。

13. 陶靖節年歲考證一卷，古直撰，東林遊草內，民國十五年中華書局排印本。

14. 陶潛年紀辯疑，游國恩編，北平述學社編國學月報彙刊第一集，民國十七年一月出版。

15. 陶公生年考，陸侃如撰，國學月報彙刊第一集，民國十七年一月出版。

16. 陶淵明年譜中之問題，朱自清撰，清華學報第九卷第三期，民國二十三年出版。

17. 陶淵明年譜，傅東華編，陶淵明詩附，上海商務印書館排印學生國學叢書本。

18. 陶淵明年譜稿，逯欽立編，中央研究院歷史語言研究所集刊第二十本上冊，民國三十七年六月出版。（是譜考證生於三七六年。又後出之陶淵明事迹詩文繫年改訂爲三六五年。）

19. 陶淵明作品繫年，李辰冬編，大陸雜誌第二卷第三、四期，民國四十年二月出版。

20. 陶淵明年譜彙訂，楊勇編，新亞學報第七卷第一期，民國五十四年二月香港出版。

21. 陶淵明傳論，張芝撰，一九五三年二月上海棠棣出版社排印本。（中國古典文學研究叢刊）

22.陶淵明，廖仲安撰，一九六三年十二月中華書局排印本。（古典文學基本知識叢書）

23.陶淵明，方祖燊撰，民國六十七年八月臺北河洛圖書出版社排印本（古風叢書），民國七十一年五月臺北國家書店影印本。

24.陶淵明評傳，季長之撰，臺北牧童出版社。

25.田園詩人陶潛，郭銀田撰，臺北三人行出版社；臺北桂冠圖書公司；里仁書局陶淵明研究收。

26.陶淵明評傳，黃仲崙著，臺北帕米爾書店排印本。

27.陶淵明評傳，劉維崇撰，民國六十七年一月臺北黎明文化事業公司排印本。

28.陶淵明，日本・一海知義撰，洪順隆譯，臺北林自出版社排印本。

29.隱逸詩人—陶淵明，日本・松枝茂夫 和田武司撰，譚繼山譯，民國七十三年五月臺北萬盛出版公司排印本。

二、作品

㈠白文

1.陶文殘一卷，晉・陶潛撰，籑喜廬叢書景唐刋卷子本。（清、傅雲龍輯，光緒十五年德清傅氏日本東京景刋本）

2.陶淵明詩・晉・陶潛撰，續古逸叢書景印宋曾集本；孫毓修等輯，民國十一、十二年上海商務印書館涵芬樓景印本；臺北藝文印書館景印本。

3.陶彭澤集一卷，晉・陶潛撰，明・張溥輯，漢魏六朝百三名家集所收。民國六十八年臺北文津出版

社景印本，陶集在第三冊，頁二四三九—九六頁）

4. 陶淵明集八卷，晉・陶潛撰，四庫全書、集部別集類。

5. 陶淵明文，晉・陶潛撰，清嚴可均輯，全上古三代秦漢三國魏晉六朝文所收，在全晉文卷一百十一至一百十二。民國五十二年臺北世界書局景印光緒二十年黃岡王氏刋本。

6. 陶淵明詩一卷，晉・陶潛撰，丁福保輯，全漢三國晉南北朝詩所收，在全晉詩卷六。民國五年無錫丁氏排印本；民國六十四年九月臺北藝文印書館景印本。

7. 陶淵明詩二卷，晉・陶潛撰，逯欽立輯，先秦漢魏晉南北朝詩所收，在晉詩卷十六、十七。民國七十二年九月臺北木鐸出版社景印本。

㈡箋註評選

1. 陶靖節先生詩四卷注補一卷附錄一卷，晋陶淵明撰，宋湯漢注，闕名注補，附錄元吳師道撰，宛委別藏（民國七十年臺灣商務印書館影印本）拜經樓叢書本（商務印書館叢書集成初編、簡編據拜經樓本排印，臺北藝文印書館百部叢書集成景印拜經樓本）。

2. 箋注陶淵明集十卷，晉・陶潛撰，宋・李公煥箋，商務印書館四部叢刊景印上海涵芬樓藏宋刋巾箱本。

3. 陶靖節集十卷，晉・陶潛撰，明・何孟春注，國立中央圖書館藏明正德間刋嘉靖間修補本、明嘉靖二年范永鑾刋本。

4. 陶元亮詩析義四卷，晉・陶潛撰，明・黃文煥析義，明崇禎刋本。

5.箋注陶淵明集八卷附和陶一卷律陶一卷敦好齋律陶纂一卷，明・張自烈評，和陶宋蘇軾撰，律陶明諶菴居士撰，律陶纂明黃槐開撰，國立中央圖書館藏明崇禎間宜春張氏刋本；另有六卷本兩種：明崇禎間著書堂重刋本、明末敦化堂刋本。

6.李卓吾批選陶淵明集二卷，晉・陶潛撰，明・李贄評，李卓吾先生合選陶王集。

7.陶靖節詩集四卷坿東坡和陶詩一卷律陶一卷律陶纂一卷，晉・陶潛撰，清蔣薰評閱，東坡和陶詩宋蘇軾撰，律陶明王思任撰，律陶纂清黃思長撰，清康熙十一年序刋本。

8.陶靖節集六卷，晉・陶潛撰，清・方熊評，清康熙間侑靜齋刋本。

9.陶詩評選四卷，晉・陶潛撰，清・董廢翁評選，約清康熙間刋。

10.柳村集陶三卷，清・顧易撰，清雍正間刋本。

11.陶公詩評注初學讀本二卷首一卷，晉・陶潛撰，清・孫人龍評註，乾隆十三年刋本。

孫殿起曰：「律陶、譜陶、詩陶各一卷，其譜陶、讀陶，可補淵明本傳之闕略。」（販書偶記續編，頁三一八）

12.義門讀書記陶靖節詩一卷，清・何焯撰，義門讀書記所收。（清・蔣維鈞輯，乾隆三十四年序刋本。）

13.陶詩本義四卷，清・馬墣撰，清乾隆三十五年與善堂刋本。

14.東山草堂陶詩箋，清・邱嘉穗撰，清乾隆間邱步洲重校刋本。

15.讀陶小注一卷，清・李樹穀撰，清乾隆間刋本。

16. 陶詩彙評四卷，清・溫汝能纂，嘉慶十二年刋本聽松閣藏板；臺北新文豐出版公司景印本（零玉碎金第三輯）。

案：溫氏另有和陶合箋，亦收於零玉碎金第三輯內。

17. 陶靖節集輯註九卷首王質栗里年譜序傳一卷，晉・陶潛撰，清・章焯輯註，清嘉慶二十二年刋本。

18. 靖節先生集十卷首一卷，晉・陶潛撰，清・陶澍輯倂集注，清道光二十年湘潭周氏刋本；中華書局四部備要排印本；商務印書館萬有文庫排印本、國學基本叢書四百種本（別集—六朝）、人人文庫本（第三四七—四八號）；一九五六年文學古籍刋行社排印本；臺北世界書局本（中國學術名著第一輯）；臺北華正書局景印戚煥塤校本。

19. 陶彭澤集六卷坿採輯歷朝詩話一卷辨僞考異一卷，晉・陶潛撰，坿錄清胡鳳丹撰倂輯，清同治九年退補齋刋六朝四家全集本；民國五十七年臺北華文書局景印本。

20. 陶靖節紀事詩品四卷，清、鍾秀撰，清同治間刋本。

21. 陶詩附考一卷，清・方東樹撰，方植之全集所收（清光緒中刋本）。

22. 陶詩眞詮一卷，清・方宗誠撰，柏堂遺書・讀書筆記所收（清光緒中桐城方氏志學堂刋本）；臺北藝文印書館叢書集成三編景印柏堂遺書本。

23. 陶彭澤集選一卷，晉・陶潛撰，清・吳汝綸評選，漢魏六朝百三家集選本。

24. 陶詩彙注四卷首一卷末一卷，晉・陶潛撰，清・吳瞻泰注，清・許印芳增訂，雲南叢書集部別集類

所收。（趙藩輯，光緒、民國間雲南圖書館刊本）

25. 論陶，清·吳菘撰，見吳瞻泰陶詩彙注卷末附。

26. 陶淵明閒情賦注一卷，清·劉光蕡撰，煙霞草堂叢書本（民國八年至十年弟子王典章思過齋蘇州刊本。）

27. 陶淵明述酒詩解一卷，清·張諧之撰，爲己精舍藏書本。

28. 陶集鄭批錄，清·鄭文卓批，日本·橋川時雄補，丁卯文字同盟排印本。

29. 淵明閒適詩選一卷，晉·陶潛撰，民國·周學熙輯，周氏師古堂所編書·八家閒適詩選。

30. 陶靖節詩箋四卷餘錄一卷校勘記一卷，晉·陶潛撰，古直箋，隅樓叢書本。

31. 陶靖節詩箋定本四卷，晉·陶潛撰，古直箋，層冰堂五種本；臺北廣文書局景印本。

32. 陶淵明詩箋注四卷附傳一卷，晉·陶潛撰，丁仲祜箋注，民國十六年上海醫學書局排印本；臺北藝文印書館景印本；臺北文光圖書公司影印本；臺北大方出版社景印本。

33. 陶淵明批評，蕭望卿著，民國三十六年七月上海開明書店初版；民國五十二年二月香港太平書局景印本；民國六十二年十月臺灣開明書店景印本。

34. 陶淵明集，晉·陶潛撰，王瑤編注，一九五六年八月作家出版社排印本。

35. 陶淵明評論，李辰冬著，民國四十五年十月臺北中華文化出版事業委員會排印本（現代國民基本知識叢書第四輯）；民國六十四年八月改由臺北東大圖書公司排印出版（滄海叢刊）。

36. 陶淵明討論集，文學遺產編輯部編，一九六一年五月中華書局排印本。

37. 陶淵明詩文彙評不分卷，北京大學中文系文學史教研室教師五十六級四班同學輯，一九六一年中華書局排印本；臺北中華書局景印本；臺北世界書局景印本（中華學術名著第六輯）；臺北成偉出版社影印本。

38. 陶淵明作品研究附陶淵明回聲，黃仲崙著，民國五十八年五月初版，六十四年七月增訂再版，臺北帕米爾書店排印本。

39. 陶淵明卷不分卷，北京大學、北京師範大學中文系同輯，一九六一、六二年北京中華書局排印本（古典文學研究資料彙編）；臺北明倫出版社景印本，改題陶淵明研究資料彙編，與詩文彙評合一冊。

40. 陶淵明集校箋十卷附錄一卷附年譜彙訂一卷，晉・陶潛撰，楊勇校箋，一九七一年香港吳興記書局排印本；臺北明倫出版社景印本。

41. 陶潛詩箋注校證論評，方祖燊撰，臺北蘭臺書局排印本。

42. 陶淵明及其詩的研究，王貴苓著，民國五十五年五月國立臺灣大學文學院排印本（文史叢刊之十八）。

43. 陶淵明詩箋證稿，王叔岷撰，民國六十四年一月臺北藝文印書館排印本。

44. 陶淵明研究二卷，九思出版社編輯部編，民國六十六年七月臺北九思出版社排印本。第一卷收陶淵明卷；第二卷收一九一九年——一九七七年近人論著，玆將第二卷列目如下：

胡適：大詩人陶潛。

陸侃如、馮沅君：陶潛。
鄭騫：陶淵明與田園詩人。
蕭望卿：陶淵明四言詩論。
陶淵明五言詩的藝術。
郭銀田：田園詩人陶潛。
逯欽立：述酒詩題注釋疑。
形影神詩與東晉之佛道思想。
郭紹虞：陶集考辨。
李辰冬：陶淵明的境界。
楊勇：陶淵明還舊居詩考釋。
林文月：陶謝爲人及其詩之比較。
齊益壽：陶淵明的政治立場與政治理想。
張亨：讀陶淵明的形影神詩。
潘重規：陶詩析疑。
尉天聰：從陶淵明的飲酒詩談起。
鄭向恒：陶淵明的文學與思想以及對後世的影響。

羅宗濤：陶淵明與謝靈運。

王熙元：田園詩派的形成與陶淵明田園詩的風格。

附：古直論逯欽立陶淵明研究文與陳槃書。

45.陶詩新論，高大鵬著，民國七十年一月臺北時報出版公司排印本。

46.陶淵明集，晉、陶潛撰，逯欽立校注，民國七十一年九月臺北里仁書局景印本。

47.陶淵明詩選，徐巍選注，民國七十一年十月臺北源流出版社景印本；民國七十二年十一月臺北仁愛書局景印本（中國歷代詩人選集）。

三、一般參考資料

書名	作者	出版者
十三經注疏	阮元校勘	藝文印書館
老子	王弼著	藝文印書館
莊子集釋	郭慶藩集釋	河洛出版社
列子讀本	莊萬壽註譯	三民書局
山海經校注	袁珂	里仁書局
詩品注	鍾嶸著、陳延傑注	開明書店
蓮社高賢傳	佚名	漢魏叢書

經進東坡文集事略	宋蘇軾	商務四部叢刊
蘇文忠公詩編註集成	清王文誥編註	學生書局影清刻本
東坡題跋	宋蘇軾	商務叢書集成
東坡志林	宋蘇軾	木鐸出版社
宋詩話輯佚	郭紹虞輯佚	華正書局
潛溪詩眼	宋范溫	
蔡寬夫詩話	宋蔡啟	
西清詩話	宋蔡絛	
藝苑雌黃	宋嚴有翼	
休齋詩話	宋陳知柔	
容齋隨筆	宋洪邁	大立出版社
能改齋漫錄	宋吳曾	木鐸出版社
苕溪漁隱叢話	宋胡仔	長安出版社
捫蝨新話	宋陳善	津逮秘書
朱子語類	宋朱熹	正中書局
困學紀聞	宋王應麟	世界書局

竹莊詩話	宋何谿汶	商務影文淵閣本
齊東野語	宋周密	商務排印本
古詩歸	明鍾敬伯、譚元春	明萬曆本
古詩評選	清王夫之	船山遺書本
柳亭詩話	清宋長白	上海雜誌公司
說詩晬語	清沈德潛	清談藝珠叢書
六朝選詩定論	清吳淇	清賴古堂刋本
古詩箋	清聞人倓	清芷蘭堂刋本
十駕齋養新錄	清錢大昕	商務排印本
古詩賞析	清張蔭嘉	清思義堂發兌本
石淵詩話	清翁方綱	木鐸出版社
詩比興箋	清陳沆	成豐五年刋本
昭昧詹言	清方東樹	光緒辛卯重刋本
東塾讀書記	清陳澧	清廣州刋本
藝概	清劉熙載	開明書店
人間詞話	王國維	開明書店

文章軌範纂評　日本安藤秉　日本京版六書房刻本
宋詩概說　日本吉川幸次郎　聯經出版社
歷代詩話　清何文煥編　木鐸出版社
　唐子西文錄　宋唐庚
　石林詩話　宋葉夢得
　庚溪詩話　宋陳巖肖
　韻語陽秋　宋葛立方
　竹坡詩話　宋周紫芝
　二老堂詩話　宋周必大
　歷代詩話考索　清何文煥
歷代詩話續編　清丁福保輯　木鐸出版社
　歲寒堂詩話　宋張戒
　艇齋詩話　宋曾季貍
　吳禮部詩話　元吳師道
　升庵詩話　明楊愼
清詩話　清丁福保輯　明倫出版社

秋窗隨筆	清馬位	
詩學纂聞	清汪師韓	
一瓢詩話	清薛雪	
峴傭說詩	清施補華	
百種詩話類編	臺靜農編	藝文印書館
詩論	朱光潛	正中書局
從詩到曲	鄭騫	科學出版社
中國隱士與中國文化	蔣星煜	友聯出版社
中國文學發展史	劉大杰	華正書局
中國文學批評史	郭紹虞	明倫出版社
中國文學批評史大綱	朱東潤	開明書店
山水與古典	林文月	純文學出版社